Émotions

Susan Purdy
University of Alberta

HOUGHTON MIFFLIN COMPANY BOSTON TORONTO
Geneva, Illinois   Palo Alto   Princeton, New Jersey

Sponsoring Editor: Susan Mraz
Associate Development Editor: Amy Hatch Davidson
Project Editor: Nicole Ng
Associate Production/Design Coordinator: Caroline Ryan Morgan
Senior Manufacturing Coordinator: Priscilla Bailey

Credits for text and art begin on page 273.

Cover design by Harold Burch: Harold Burch Design, New York City.
Cover photograph by Geof Kern.

Illustrations by Jewell Homad.

Printed in the U.S.A.

ISBN: 0-395-66539-6

Library of Congress Catalogue Card Number: 94-78422

123456789-DH-98 97 96 95 94

Table des matières

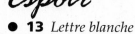

Readings

The fifteen texts in *Émotions* were selected for their intrinsic interest, their unique combination of quality, depth and accessibility, and their emotional impact. Based on the premise that emotions are a universal language, this collection covers an emotional range from fear to love and courage and a geographical base that ranges from North America through the Middle East to West Africa and beyond.

Levels

The relative level of difficulty of each text is indicated in the *Table des Matières*. Keep in mind that it is not necessary to read every text presented nor is it necessary to read the texts in order. However, readers are urged to begin with the first story in the collection, as activity models are provided there, as well as more directions and student annotations than in later chapters.

Glossing

Glossing of difficult words has been kept to a minimum. When confronted with difficult words or phrases, students are encouraged to use context clues, activities, and exercises and to avoid excessive reliance on dictionaries.

Activities

Each chapter is organized by a wide variety of pre- and post-reading supporting activities as outlined below. These activities are designed to increase in difficulty as each chapter progresses.

Avant tout (Pre-Reading)

Introduction: Basic background information on the author and his/her work

Vocabulex: Students work with a core of words relating to the theme of the text they are about to read

Idéogrammes: Semantic maps, in which students are asked to organize and map out words related by theme to help them prepare for the text to come

De grand style: An activity designed to introduce the student to the text's specific literary stylistic features

Dans le milieu: An introduction to the cultural background of the text and its characters

Autrement dit: A pre-reading oral discussion of the predominant issues involved in the upcoming text

Aprés tout (Post-Reading)

Que sais-je?:   Basic fact comprehension questions to make sure students understood the essentials

De temps en temps: An activity designed to make students aware of the temporal structure of the text at various levels

Vocabulex: A review of vocabulary encountered in the course of reading

Chasse aux trésors: Students are asked to return to the text to find various facts and details relating to the theme

Autrement dit: Armed with vocabulary, facts and structures, students are asked to orally define and redefine issues discussed in pre-reading.

Composons!:   Written essay questions designed to provide students with a comprehensive review of themes and issues and an opportunity for further discussion, organization, and analysis

Liens affectifs: At the end of each thematic unit, students are asked to write an essay which relates the three texts in that unit to one another.

Pair/Group Work

Pair/group activities, marked by an icon, are to be found throughout each chapter. Students' involvement and competence in reading increases dramatically when they are encouraged to share problems and pool resources in and out of class; their individual problems seem less insurmountable and their strengths more valuable in a social context. Students involved in group work are given a chance to shine and a chance to learn from one another. Individual differences allow for diversity and a collective effort often produces an unexpectedly cohesive and comprehensive result.

Reading Strategies

Each chapter contains a reading strategy, indicated by an icon. Students are encouraged to try each strategy to develop more reading efficiency and greater understanding of the texts. Another approach might open another door for them.

Courses

Emotions provide the thematic unity of this book, while the wide variety of texts offers a flexibility of approach and level. The book's wealth of texts, activities, and exercises make it appropriate both as a core text for intermediate-level reading-based courses and as a supplementary text for Intermediate French, Conversation and Composition, and Introduction to French Literature courses.

To the Student

The texts in this book have been chosen because they are texts that you might want to read even if they were written in your native language. Some of the texts are funny, some are sad, and some might best be told around a campfire on a dark night, but they they are all about people who find themselves in situations which demand all their strength, wit, and emotional resources. They are not texts which you will read once and forget about; they require attention and involvement. Bring your own personality, problems, and resources to these texts and you will be amply rewarded.

The students in many of my own classes have read these stories and poems and helped in the development of the manuscript. They have produced rap music versions of the stories, radio plays, videos, and computerized vocabulary programs. They have found themselves in fish markets, travel agencies, dark rooms, and theatres, all in the name of research. Their own obvious enjoyment of the texts and involvement in the reading have both brightened and enlightened our class as a whole.

Make your own notes and keep track of your assignments as you read, so that you can make your oral presentations and written essays more complete and interesting. There will be, in addition to the fifteen texts, two appendices: one on the passé simple and one on literary terms. Refer to these appendices as you need them; they are there to enhance your enjoyment and comprehension of the texts.

Above all, don't be afraid of these readings! Work with them, have fun with them, and make them your own.

Acknowledgments

I am very grateful to the following reviewers for their careful reading of various parts of the manuscript and for their many useful comments and suggestions:

Martha Bowser-Kiener, Parkland College, IL
Patricia Brand, University of Colorado—Boulder, CO
Donald Bruce, University of Alberta—Edmonton, AB
Signe Denbow, Western Michigan University, MI
Raymond Eichmann, University of Arkansas—Fayetteville, AR
Sara Hart, Shoreline Community College, WA
Marie-France Hilgar, University of Nevada—Las Vegas, NV
Cheryl Krueger, University of Virginia, VA
Richard Ladd, Northern Essex Community College, MA
Nancy Ignazia Rubino, Columbia University, NY
Héloïse Séailles, Milliken University, IL
Anna Street, Concordia College—Edmonton, AB
David Uber, Baylor University, TX
Vera Wenzel, Albion College, MI
Jacqueline Young, Snow College, UT

Special thanks go to Nicole Keating of Glendon College, York University, ON for her careful native proofreading of the manuscript.
     I am grateful to the students and instructors at the University of Alberta who class-tested several chapters of the manuscript and, in particular, to the following students, for their comments on various chapters:

Vicki Boyle
Jennifer Breckon
Martin Ignasiak
Kelly Isaac
James Kropfreiter
Gail Martens
Milka Mydliar

I would also like to thank my friends and colleagues at the University of Alberta for their help and support, in particular Joan Brumlik for her many excellent suggestions. I am also sincerely grateful to Darrell Uhearn, of Houghton Mifflin, who first brought my proposal to the attention of the publishers, and to Diane Gifford, Nicole Ng, and the many other wonderful editors at Houghton Mifflin. I would especially like to thank my development editor, Amy Hatch Davidson, for her unfailing patience, cheerfulness, and encouragement, and for her unerring judgement; this book could never have been written without her. Finally, I want to thank my friends and family and, above all, my daughter, Zoë, for her love, help, and support.

S.P.

1 Love me, love my dog

Andrée Maillet

CANADA

Andrée Maillet, née en 1921 à Montréal, a été nommée membre, en 1974, de l'Académie canadienne-française et, en 1978, de l'Ordre du Canada. Auteure de nouvelles et de contes, romancière, poète et dramaturge, elle a publié, en 1965, *Nouvelles montréalaises,* d'où est tiré *Love me, love my dog.*

    Love me, love my dog est une lettre d'amour qui exprime, d'un point de vue décidément unique, les scrupules d'un homme qui essaie, à contrecœur, de mener à sa fin une liaison dont il n'arrive plus à voir que l'hypocrisie et la peine.

Avant tout

Vocabulex

Before doing the following exercises, please read the section on the *Avant tout* activities in the Preface.

Basant votre choix sur les attributs des deux personnages présentés dans l'image à la page 3 et sur le genre des adjectifs donnés, choisissez, parmi les adjectifs suivants, ceux qui décriraient le chien et ceux qui décriraient la femme.

autoritaire	débonnaire	délicate	douce	faible
inutile	malpropre	nette	savante	sympathique

Le chien

_____

_____

_____

_____

_____

_____

_____

La femme

_____

_____

_____

_____

_____

_____

_____

Vocabulex

A. Afin d'illustrer les différences essentielles qui sont à la base de l'argument de l'auteur de la lettre, appariez chacun des mots de la colonne B avec son contraire dans la colonne C, en traçant une ligne entre chaque mot et son contraire.

B. Pour mieux comprendre la complexité des émotions qui sont en jeu, trouvez dans le dictionnaire un *synonyme* pour chaque mot de la colonne **B** et écrivez-le dans la colonne **A**. Mettez dans la colonne **D** un synonyme pour chaque mot de la colonne C.

A	B	C	D
1. _____	1. aimer	1. agacer	1. _____
2. _____	2. amuser	2. alangui	2. _____
3. _____	3. attirer	3. déplaire	3. _____
4. _____	4. autoritaire	4. détester	4. _____
5. _____	5. briller	5. exécrer	5. _____
6. _____	6. débonnaire	6. fauve	6. _____
7. _____	7. général	7. malpropre	7. _____
8. _____	8. net	8. particulier	8. _____
9. _____	9. plaire	9. rebuter	9. _____
10. _____	10. priser	10. ternir	10. _____

Vocabulex

Trouvez dans la lettre (pp. 10–12) un mot de la même famille que chacun des mots donnés ci-dessous.

1. aimer _____

2. bleu _____

3. bouillant _____

4. connaître _____

5. désespoir _____

6. général _____

7. particulier _____

8. partie _____

9. regarder _____

10. vivant _____

Dans le milieu

A. Trouvez cinq expressions anglaises qui mentionnent les chiens et/ou les chats.

Chiens

1. _____

2. _____

3. _____

4. _____

5. _____

Chats

1. _____

2. _____

3. _____

4. _____

5. _____

B. Donnez, en français, cinq caractéristiques que vous associez aux chiens et aux chats.

Chiens

1. _____

2. _____

3. _____

4. _____

5. _____

Chats

1. _____

2. _____

3. _____

4. _____

5. _____

An author's ideas are often expressed through the words that connect and intersect throughout the text. The vocabulary of *Love me, love my dog* is a veritable roadmap of its many intersecting themes.

De grand style

A. Pour mieux comprendre les préoccupations de l'auteur, il est utile d'étudier le début du système de correspondances dans la lettre. Entourez les mots qui se répètent dans les phrases suivantes, ainsi que les mots de la même famille qui s'y présentent et reliez-les par des flèches.

Modèle:

Je t'écris pour te parler de la pitié. La pitié ne ressemble pas seulement à l'amour: c'est l'amour, une sorte d'amour, si tu préfères.

À vous maintenant de le faire, dès le début!

Ce soir en regardant par la fenêtre, je vois deux hauts peupliers qui se détachent sur le ciel vert-bleu paon, un ciel qui a des airs d'opale noire, qui est, enfin, de la couleur que je préfère à toutes les autres.

Il n'y a aucun rapport entre la couleur du ciel et ma lettre. Je t'écris pour te parler de la pitié. La pitié ne ressemble pas seulement à l'amour: c'est l'amour, une sorte d'amour, si tu préfères. On tient généralement qu'un homme ne veut pas de cette sorte d'amour-là pour lui. Il se peut, mais s'il n'aime pas qu'une femme ait pitié de lui, il trouve sûrement bon qu'elle ait pitié des autres; néanmoins, laissons le général et venons-en au particulier.

B. D'après les mots que vous avez trouvés, quel serait, à votre avis, le thème principal de ce conte? Expliquez brièvement votre choix.

Idéogrammes

Pour dessiner une carte sémantique, organisez votre travail de la manière suivante.

1. Trouvez dans le texte tous les mots qui représentent les divers aspects d'un thème donné.
2. Divisez les mots que vous aurez trouvés en catégories grammaticales (substantifs, adjectifs, verbes, adverbes, autres).

3. Mettez tous les substantifs au singulier, les adjectifs au masculin et au singulier et les verbes à l'infinitif pour pouvoir mieux les trouver dans le dictionnaire, si besoin est.
4. Regroupez tous les mots en catégories sémantiques afin d'illustrer les divers aspects du thème.
5. Présentez vos catégories sous forme de diagramme.
6. Donnez un titre au diagramme.

Modèle:

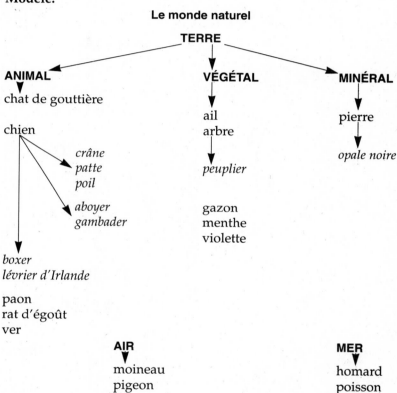

Le monde naturel

Dessinez une carte sémantique pour illustrer chacun des thèmes suivants.

1. le règne animal
2. l'amour et la pitié

Autrement dit

Formez des groupes de trois ou quatre personnes pour discuter en français les sujets suivants. Avant de commencer, améliorez vos connaissances en vocabulaire en faisant l'exercice suivant.

A. Vous trouverez ci-dessous dix mots apparentés qui vous seront peut-être utiles au cours de votre discussion. Assurez-vous d'avoir bien compris le sens de ces mots en écrivant dans le blanc l'équivalent anglais de chaque mot.

1. accord *(nm)* _____

2. choix *(nm)* _____

3. conscience *(nf)* _____

4. défense *(nf)* de l'environnement *(nm)* _____

5. fidélité *(nf)* _____

6. harmonie *(nf)* _____

7. honnêteté *(nf)* _____

8. incompatibilité *(nf)* _____

9. passion *(nf)* _____

10. statu quo *(nm)* _____

B. Au cours de votre discussion, remplissez les blancs suivants en notant dix mots français que vous aurez appris en discutant, ainsi que l'équivalent anglais de chaque mot. Référez-vous aussi à ces listes en faisant votre essai à la fin du chapitre (p. 19).

1. _____ _____

2. _____ _____

3. _____ _____

4. _____ _____

5. _____ _____

6. _____ _____

7. _____ _____

8. _____ _____

9. _____ _____

10. _____ _____

C. Discutez en français les questions suivantes.

1. Quelle est l'image du chien dans notre société? L'image du chat?

2 Quelles sont les raisons les plus communes de la rupture d'une liaison amoureuse?

3. D'après vous, est-ce qu'il faut conserver à tout prix le monde naturel?

Love me, love my dog

Ma chère Laurence,

Ce soir en regardant par la fenêtre, je vois deux hauts peupliers qui se détachent sur le ciel vert-bleu paon°, un ciel qui a des airs d'opale noire, qui est, enfin, de la couleur que je préfère à toutes les autres. — *peacock*

Il n'y a aucun rapport entre la couleur du ciel et ma lettre. Je t'écris pour te parler de la pitié. La pitié ne ressemble pas seulement à l'amour: c'est l'amour; une sorte d'amour, si tu préfères. On tient généralement qu'un homme ne veut pas de cette sorte d'amour-là pour lui. Il se peut, mais s'il n'aime pas qu'une femme ait pitié de lui, il trouve sûrement bon qu'elle ait pitié des autres; néanmoins°, laissons le général et venons-en au particulier. — *nevertheless*

Ce matin en me rasant, je me suis vu tel que je suis et je suis un homme à tête de chien. Mes oreilles sont hautes, pointues, bien collées à mon crâne° et ressemblent à celles de mon boxer à qui on a taillé° les siennes bien avant que je ne l'acquisse. J'ai le poil° en brosse aussi dur que celui d'un lévrier° d'Irlande. J'ai de bons yeux qui demandent pardon. Ma bouche n'a rien qui la distingue d'une autre mais quand je ris, j'aboie. Je gambade volontiers en marchant et si les convenances me retiennent de poser mes pattes de devant sur les épaules d'un étranger sympathique, je n'en ai pas moins envie de le faire. — *skull / tailler: to trim / hair / hound*

Toi tu es délicate, tour à tour autoritaire et alanguie, tu as les os petits. Dans ton souffle il y a toujours une odeur de fièvre très atténuée° qui se lie° à ton parfum, et ta féminité un peu maladive° m'attire physiquement. Je ne sais pas pourquoi tu m'aimes. Tu te laisses faire sans que je sache si tu te résignes ou si tu calcules. Je me passe bien de° le savoir: l'homme veut ce qu'il veut, la connaissance vient après. Or, tout en m'attirant, tu me rebutes°, ou plutôt, lundi, tu me plais, mardi tu me déplais; ou encore, tu es comme une médaille dont on ne peut supporter que la face. — *faint / se lier: to be connected / sickly — se passer de: to do without — rebuter: to repel, to repulse*

Je vais mieux m'expliquer: tu me plais car je te crois douce et savante. Tu as des qualités discrètes qui ne ternissent pas comme l'argent mais qui ne brillent pas non plus, à se demander si elles sont vraies. Tu as de l'ordre, et tu ne dis pas non. Mais je cesse complètement de t'apprécier quand nous

entrons comme hier, chez *Gatehouse* pour choisir des poissons, et qu'en voyant les homards° bruns, leurs yeux noirs, fixes, leur regard désespéré, leurs antennes qui remuent° lentement, tu me demandes d'acheter ceux-là plutôt que les rouges.

Pour moi, le désespoir a des yeux de homard qu'on a plongé dans l'eau bouillante. Les homards rouges, quelqu'un les fait mourir: je ne veux pas le connaître, ce quelqu'un et je ne veux surtout pas que ce soit toi.

Tu n'aimes pas mon chien. Tu chasses les chats des voisins. Les pigeons, dis-tu, abîment° les monuments et tu fais la guerre aux mouches. Tout ceci avec une fermeté douce et au nom de principes auxquels je n'adhère pas.

Les pigeons sont à l'Edifice Sun Life ce que les moineaux° sont aux arbres de mon avenue; ils lui font presque palpiter les pierres. C'est leur calme atterissage et leurs roucoulements° pleins d'appétit qui donnent une âme au Square Dominion comme à la Place Viger. Je pourrais avec lyrisme te chanter les rats d'égout, les chats de gouttière, les vers du Carré Saint-Louis sans qui le gazon° ne pousserait pas. Je te le dis clairement: je suis un animal si près de la terre, si en vie, que j'aime la vie où qu'elle se trouve; un animal débonnaire°, entends bien, pas un fauve°. Les animaux, ne les prises°-tu donc qu'en côtelettes, bouillis°, et cetera? Tu gardes tes sentiments pour le genre humain, m'affirmes-tu et mon respect des bêtes t'agace° plus qu'il ne t'amuse. Tu dis raffoler des enfants; qui me le prouve? Je t'ai vu gentille avec eux, mais eux ne sont que polis avec toi. Je ne pense pas qu'on puisse aimer les gens si on exècre° ceux qu'un grand saint

lobsters
remuer: *to move*

abîmer: *to ruin*

sparrows

cooing

lawn

good-natured / wild
priser: *to prize, to value /*
boiled
agacer: *to irritate*

exécrer: *to loathe*

a nommés *nos frères inférieurs.* Un cœur généreux n'a pas ces compartiments: il aime son chien d'un amour d'homme et le pleure sans honte
quand il le perd.

Un jour je ne serai plus qu'une vieille brute, lucide encore, j'espère,
mais faible, inutile et peut-être malpropre. De quel air me donneras-tu ma
pâtée°? Tu seras une vieille dame excessivement nette, aux cheveux blancs   *dog food, mush*
bien bleuis, et tu porteras du mauve et des violettes. Et si je bave° dans ma   baver: *to drool*
soupe, tu me mettras un tablier° en pensant: le chien que j'ai épousé est de-   *apron, bib*
venu un vieux salaud.

Toute mon existence j'aurai envie d'acheter chez *Gatehouse* ou dans
toute autre poissonnerie des homards pour les remettre à la mer, bien que
ce soit impossible puisque nous sommes à cinq cent milles de la mer; tandis que toi, tu voudras les voir rosir à petit feu dans ta cuisine, sans pitié.

Étant revenu à la raison de ma lettre, la pitié, je crois t'avoir démontré
que mon chien, ma tête de chien, et ces homards vivants que tu menaces,
font partie d'un même règne et sont éternellement solidaires. Pas plus que
l'ail° ne peut avoir un goût de menthe, ces différences essentielles dans nos   *garlic*
caractères ne se peuvent changer. T'ayant fait part de la disposition de mon
esprit, je suis certain que tu verras aussi bien que moi l'inopportunité de
mener nos projets de mariage à leur terme et m'en remets à° ton jugement.   s'en remettre à: *to leave it*
                                                                                    up to

Après tout

Que sais-je?

Before doing the fol-
lowing exercises, please
read the section on the
Après tout activities in
the Preface.

A. Pour vous assurer d'avoir bien compris les détails du texte,
soulignez, dans chaque cas, la bonne réponse.

1. L'auteur/L'auteure de *Love me, love my dog* est un homme/une
   femme.
2. Il/Elle s'appelle André Maillet/Andrée Maillet/Antoine Maillet/
   Antonine Maillet.
3. L'auteur/L'auteure de la lettre est un homme/une femme.
4. Il/Elle s'appelle André/Andrée/On ne sait pas comment il/elle
   s'appelle.
5. Le/La destinataire de la lettre est un homme/une femme.
6. Il/Elle s'appelle Laurent/Laurence.
7. L'auteur(e) écrit la lettre le matin/le soir/un jour.
8. L'auteur(e) de la lettre compare l'amour à la peine/la pitié.
9. L'auteur(e) de la lettre se compare à un chien/un chat.

10. *Gatehouse* est une poissonnerie/une boucherie.
11. Le/La destinataire de la lettre aime surtout les homards bruns/rouges.
12. L'auteur(e) de la lettre se voit à l'avenir en vieille brute/vieille dame.
13. Ils habitent à Saint-Louis/Montréal.
14. Ils sont à cinq/cinq cent/cinq mille milles de la mer.
15. L'auteur(e) de la lettre est certain(e) que le mariage va/ne va pas réussir.

B. Décrivez à un/une camarade de classe l'auteur de la lettre:

1. comme il se voit dans le miroir.
2. aux yeux de sa fiancée.

Vocabulex

Agence «Les liaisons dangereuses»

A. Faites un portrait-robot de l'auteur de la lettre et de Laurence en remplissant le tableau suivant selon les indications données dans la lettre (pp. 10–12).

NOM:
PHYSIQUE:

COMPORTEMENT:
PRÉFÉRENCES:
Animaux domestiques:

NOM:
PHYSIQUE:

COMPORTEMENT:
PRÉFÉRENCES:
Animaux domestiques:

B. Si vous étiez le gérant/la gérante de l'Agence «Les liaisons dangereuses», que penseriez-vous des chances de succès d'une liaison éventuelle entre l'auteur de la lettre et Laurence?

Vocabulex

Le narrateur trouve enfin une seule phrase qui exprime ses sentiments à l'égard de sa fiancée.

A.   Trouvez dans le jeu ci-dessous chacun des 21 mots de cette phrase.

```
D  C  R  G  V  O  P  L  S  V  X  C
I  H  O  O  R  N  E  I  O  A  Z  A
F  A  M  U  U  R  U  A  V  O  I  R
F  N  T  T  U  N  V  E  M  D  I  A
E  G  Q  U  C  C  E  M  I  R  C  C
R  E  P  A  S  T  N  E  P  E  U  T
E  R  L  A  I  L  T  N  L  M  A  E
N  Q  U  E  D  E  Z  T  R  S  P  R
C  E  S  A  A  A  O  H  M  N  N  E
E  S  S  E  N  T  I  E  L  L  E  S
S  E  N  O  S  R  V  A  L  T  N  E
```

1. _____   12. _____

2. _____   13. _____

3. _____   14. _____

4. _____   15. _____

5. _____   16. _____

6. _____   17. _____

7. _____   18. _____

8. _____   19. _____

9. _____   20. _____

10. _____   21. _____

11. _____

B. Regroupez les 21 mots que vous avez trouvés pour former la phrase telle qu'elle se trouve dans la lettre.

_____

_____

_____

C. Formez encore une fois vos groupes de discussion orale pour rediscuter la question «Quelles sont les raisons les plus communes de la rupture d'une liaison amoureuse?» dans le contexte de cette constatation de la part de l'auteur de la lettre.

Vocabulex

Traduisez les phrases qui suivent en organisant votre travail de la façon suivante.

1. Isolez d'abord les éléments grammaticaux de la phrase en entourant les substantifs, en mettant entre parenthèses les adjectifs et en soulignant chaque verbe et son sujet.
2. Réduisez chaque élément de base à l'essentiel en mettant tous les substantifs au singulier, les adjectifs au masculin et au singulier et les verbes à l'infinitif.
3. Marquez tous les autres mots que vous ne connaissez pas.
4. Cherchez dans le dictionnaire tous les mots que vous ne connaissez pas.
5. Notez sur chaque mot son sens ou sa traduction.
6. Déterminez le temps de chaque verbe.
7. Reconstituez la phrase en tenant compte de toutes les informations que vous avez trouvées.

1. Les animaux, ne les prises-tu donc qu'en côtelettes, bouillis et cetera?

_____

_____

2. De quel air me donneras-tu ma pâtée?

_____

_____

3. Tu dis raffoler des enfants; qui me le prouve?

_____

_____

4. Tu as de l'ordre, et tu ne dis pas non.

_____

_____

5. Je t'ai vu gentille avec eux, mais eux ne sont que polis avec toi.

_____

_____

Chasse aux trésors

A. Trouvez, d'abord, dans le texte (pp. 10–12), cinq phrases dont chacune contient l'une des expressions négatives ci-dessous.

1. ne... aucun

_____

2. ne... pas

_____

3. ne... plus

_____

4. ne... que

_____

5. ne... rien

_____

B. Changez, ensuite, chaque phrase à la forme affirmative.

1. _____

2. _____

3. _____

4. _____

5. _____

C. Discutez, enfin, avec votre partenaire, ce que de tels changements auraient apportés au ton de la lettre et à son effet éventuel.

De temps en temps

Faites une ligne du temps de *Love me, love my dog* en organisant votre travail de la manière suivante.

A. Vous trouverez ci-dessous cinq phrases tirées de *Love me, love my dog*. Si la phrase contient une expression de temps, copiez-la dans le blanc et indiquez aussi le temps du verbe principal.

Modèle:

Toute mon existence j'aurai envie d'acheter...

Expression de temps: *Toute mon existence*

Temps du verbe: *Futur simple*

1. Un jour je ne serai plus qu'une vieille brute...

Expression de temps: _____

Temps du verbe: _____

2. Ce soir en regardant par la fenêtre, je vois deux hauts peupliers...

Expression de temps: _____

Temps du verbe: _____

3. Étant revenu à la raison de ma lettre...

Expression de temps: _____

Temps du verbe: _____

4. Je vais mieux m'expliquer...

Expression de temps: _____

Temps du verbe: _____

5. Ce matin en me rasant je me suis vu...

Expression de temps: _____

Temps du verbe: _____

B. D'après ces indications temporelles, copiez les phrases ci-dessus dans l'ordre chronologique.

1. _____

2. _____

3. _____

4. _____

5. _____

C. Marquez enfin, au dessus du **X** de la ligne du temps que vous trouverez ci-dessous, le numéro de la locution dans son ordre chronologique ainsi que le temps du verbe qui s'y trouve.

Autrement dit

A. Trouvez un(e) partenaire dans la classe. Imaginez que vous êtes Laurence et essayez de répondre en français aux reproches suivants de votre fiancé, dont le rôle sera joué par votre partenaire.

1. «Je ne sais pas pourquoi tu m'aimes.»
2. «Tu te laisses faire sans que je sache si tu te résignes ou si tu calcules.»
3. «Les animaux, ne les prises-tu donc qu'en côtelettes, bouillis, et cetera?»
4. «Tu dis raffoler des enfants; qui me le prouve?»
5. «De quel air me donneras-tu ma pâtée?»

B. En jouant toujours le rôle de Laurence, demandez maintenant à votre partenaire, qui joue toujours le rôle du fiancé de Laurence, de justifier les citations suivantes:

1. «Il n'y a aucun rapport entre la couleur du ciel et ma lettre.»
2. «La pitié ne ressemble pas seulement à l'amour: c'est l'amour; une sorte d'amour, si tu préfères.»
3. «... l'homme veut ce qu'il veut; la connaissance vient après.»
4. «Je ne pense pas qu'on puisse aimer les gens si on exècre ceux qu'un grand saint a nommés *nos frères inférieurs.*»
5. «Pour moi, le désespoir a des yeux de homard qu'on a plongé dans l'eau bouillante.»

Composons!

Before beginning the writing assignment, refer back to the *Vocabulex* activities (in both the *Avant tout* and *Après tout* sections) for useful vocabulary. Your pair/ group discussions in the *Autrement dit* activities may also help you formulate some ideas.

Écrivez en français une dissertation de 500 mots sur les sujets suivants.

1. Tracez le développement de l'argument de l'auteur de la lettre en trouvant le point essentiel de chaque paragraphe et en déterminant la contribution qu'apporte ce point à l'orientation globale de la lettre.
2. Rédigez une lettre de Laurence au courrier du cœur et la réponse à cette lettre.
3. Faites un profil psychologique de l'auteur de la lettre et de Laurence.
4. En supprimant dans la lettre toute mention du règne animal, relevez les autres raisons de la décision de l'auteur.
5. L'auteure de *Love me, love my dog* l'écrit du point de vue masculin. Pourquoi et à quel effet?

2 *Les deux amants*

Marie de France

L'identité de Marie de France reste pour la plupart inconnue. À part son nom et son pays d'origine, nous connaissons très peu sa vie. Elle a vécu en Angleterre au 12e siècle et il ne nous reste de ses écrits que des lais, des fables et une vie.

Les deux amants [*Les deus amanz*], un lai (ou nouvelle en vers) traduit en français moderne et mis en prose par Pierre Jonin, est l'histoire d'un jeune homme qui aime d'amour une jeune demoiselle et qui meurt en essayant de faire sa conquête. Nous savons, dès le début, la fin de l'histoire; son intérêt dérive de son développement.

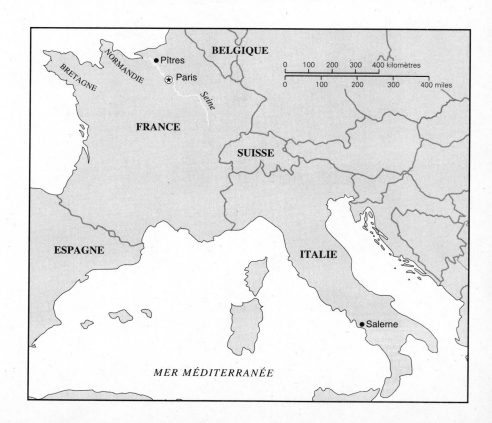

Avant tout

Dans le milieu

Before doing the following exercises, please read the section on the *Avant tout* activities in the Preface.

A. Afin de bien placer les événements du lai, identifiez les noms suivants. Si vous n'arrivez pas à trouver tous les noms de la liste, référez-vous directement au lai des *deux amants* (pp. 25–28) ou consultez la carte à la page 20.

1. Bretons _____

2. Montagne des
   deux amants _____

3. Neustrie _____

4. Normandie _____

5. Pistrois _____

6. Pîtres _____

7. Salerne _____

8. La Seine _____

9. Val de Pîtres _____

B. Mettez ensuite chaque nom sous la catégorie pertinente.

Pays

_____

_____

_____

Peuples

_____

_____

_____

Vallées

_____

_____

_____

Villes

_____

_____

_____

Fleuves	Montagnes
_____	_____
_____	_____
_____	_____

Vocabulex

A . Pour pouvoir mieux comprendre le contexte médiéval des *deux amants*, cherchez dans le dictionnaire la définition des mots suivants et écrivez la définition de chaque mot dans le blanc.

1.   comte *(nm)* _____

2.   courtois *(a)* _____

3.   demoiselle *(nf)* _____

4.   électuaire *(nm)* _____

5.   fiole *(nf)* _____

6.   flacon *(nm)* _____

7.   lai *(nm)* _____

8.   mesure *(nf)* _____

9.   philtre *(nm)* _____

10.   prétendant *(nm)* _____

11.   récipient *(nm)* _____

12.   seigneur *(nm)* _____

13.   tunique *(nf)* _____

14.   vassal *(nm)* _____

B . Pour vous assurer d'avoir bien compris le sens de ces mots, inventez cinq phrases dont chacune contient au moins deux mots de la liste.

1.   _____

2.   _____

3.   _____

4.   _____

5.   _____

You can often find the basic plot line of a story by reading its first and last paragraph and the first and last sentence of each paragraph in between. The first and last paragraphs of *Les deux amants* are especially rich in narrative detail.

De grand style

Afin de bien situer les événements du lai, trouvez dans le premier et le dernier paragraphe des *deux amants* la réponse aux questions qui suivent.

Premier paragraphe:

Il arriva autrefois en Normandie une aventure dont on parla beaucoup, celle de deux jeunes gens qui s'aimèrent et moururent tous deux d'amour. Les Bretons en firent un lai qu'on nomma *Les deux amants*.

Dernier paragraphe:

En raison de ce qui est arrivé aux deux jeunes gens, la montagne est appelée «Montagne des deux amants». Il y advint ce que je vous ai raconté et les Bretons en firent un lai.

1. Quand l'histoire a-t-elle eu lieu? _____
2. Où a-t-elle eu lieu? _____
3. Quelle sorte d'histoire est-ce? _____
4. Quels en sont les deux personnages principaux? _____
5. Qu'est-ce qui leur est arrivé? _____
6. Qui a fait l'histoire? _____
7. Sous quelle forme l'a-t-on faite? _____
8. Comment s'appelle le lai? _____
9. Comment s'appelle la montagne? _____
10. Pourquoi s'appelle-t-elle ainsi? _____

Idéogrammes

Dessinez une carte sémantique pour illustrer chacun des thèmes suivants. (Vous trouverez à la page 8 le modèle d'une carte sémantique.)

1. l'amour
2. le courage

Autrement dit

Formez des groupes de trois ou quatre personnes pour discuter en français les sujets suivants. Avant de commencer, améliorez vos connaissances en vocabulaire en faisant l'exercice suivant:

A. Vous trouverez ci-dessous dix mots apparentés qui vous seront peut-être utiles au cours de votre discussion. Assurez-vous d'avoir bien compris le sens de ces mots en écrivant dans le blanc l'équivalent anglais de chaque mot.

1. compatibilité *(nf)* _____
2. déception *(nf)* _____
3. consentement *(nm)* _____
4. devoir *(vt, nm)* _____
5. intérêt *(nm)* _____
6. reproche *(nm)* _____
7. responsabilité *(nf)* _____
8. romantisme *(nm)* _____
9. royauté *(nf)* _____
10. sacrifier *(vt)* _____

B. Au cours de votre discussion, remplissez les blancs suivants en notant dix mots français que vous aurez appris en discutant, ainsi que l'équivalent anglais de chaque mot. Référez-vous aussi à ces listes en faisant votre essai à la fin du chapitre (p. 33).

1. _____ _____
2. _____ _____
3. _____ _____
4. _____ _____
5. _____ _____
6. _____ _____
7. _____ _____
8. _____ _____
9. _____ _____
10. _____ _____

C. Discutez en français!

1. Quels sont les avantages et les inconvénients d'un mariage d'amour? D'un mariage d'argent, de convenance, de raison?
2. Mourir d'amour, c'est un concept bien romantique. Y croyez-vous?
3. Qu'est-ce qu'un mariage morganatique? Pouvez-vous en trouver des exemples?
4. Que pensez-vous de l'emploi des stéroïdes en athlétisme?
5. Pensez-vous que la vie d'une famille royale devrait être publique à tous les égards?

Les deux amants

Il arriva autrefois en Normandie une aventure dont on parla beaucoup, celle de deux jeunes gens qui s'aimèrent et moururent tous deux d'amour. Les Bretons en firent un lai qu'on nomma *Les deux amants*.

Il est bien vrai qu'en Neustrie, que nous, nous appelons maintenant Normandie, se trouve une haute montagne prodigieusement grande. Au sommet sont enterrés° deux jeunes gens. Près de cette montagne, à l'écart°, un roi qui était seigneur des Pistrois fit construire une ville en y consacrant tous ses soins° et son attention. Il tira son nom de celui des Pistrois et la fit appeler Pîtres, nom qui lui est toujours resté par la suite°. La ville et les maisons subsistent° encore. Nous connaissons bien le pays appelé le Val de Pîtres. Le roi avait une fille, c'était une belle demoiselle très bien élevée. Comme il n'avait pas d'autre enfant qu'elle, il l'aimait et la chérissait tendrement. Elle fut demandée en mariage par de puissants° vassaux qui l'auraient volontiers° prise pour femme. Mais le roi ne voulait pas l'accorder car il ne pouvait s'en passer. C'était son seul refuge et il restait près d'elle nuit et jour. La jeune fille était sa consolation depuis qu'il avait perdu la reine. Bien des gens interprétèrent son attitude de manière défavorable et les siens même lui en firent des reproches. Quand il apprit qu'on en parlait, il en fut tout triste et très peiné. Il se met à réfléchir en lui-même à la manière dont il pourra se débarrasser de° toutes les demandes en mariage. Il fait donc savoir et il déclare au loin, comme dans le voisinage, que tout homme qui voudrait avoir sa fille soit bien certain de ceci: il était fixé par le sort et le destin qu'il devrait l'emporter dans ses bras hors de° la ville jusqu'au sommet de la montagne sans jamais s'arrêter. Quand la nouvelle fut connue et répandue° dans le pays, bien des prétendants firent la tentative° sans aboutir à° rien. Certains firent de tels efforts qu'ils parvinrent jusqu'à mi-hauteur de la montagne, mais ils ne purent continuer au-delà.

buried / out of the way

care

subsequently
subsister: *to remain*

powerful
willingly

se débarrasser de:
   to get rid of

out of

spread
attempt / aboutir à: *to come to*

À cet endroit il leur fallait renoncer. Elle resta donc pendant longtemps fille à marier, car personne ne voulut plus demander sa main.

Mais dans le pays, il y avait un jeune homme gracieux et bien fait, qui était le fils d'un comte. Il s'applique, plus que tout autre, à bien se conduire pour être estimé. Il fréquentait la cour du roi où il faisait des séjours répétés. Il s'éprit de° sa fille et très souvent lui demanda de lui accorder son amour et de se lier avec lui comme amie. Sa valeur, ses vertus courtoises, la grande estime où le tenait le roi, firent qu'elle accepta d'être son amie et lui l'en remercia avec humilité. Ils eurent de fréquents entretiens° et s'aimèrent loyalement tout en se cachant de leur mieux pour qu'on ne puisse pas les découvrir. Cette situation les fit beaucoup souffrir, mais le jeune homme se dit, après réflexion, que la souffrance valait mieux que la précipitation°, cause d'échec°. Néanmoins, l'amour lui causait du tourment. Puis, une fois, le jeune homme alla trouver son amie, lui qui était si avisé°, si méritant et si beau. Il exhale ses plaintes° et la supplie de partir avec lui. Il ne peut plus supporter° cette douleur. S'il la demande à son père, il sait bien que celui-ci l'aime trop pour vouloir la donner, à moins que lui-même ne puisse la porter entre ses bras jusqu'au sommet de la montagne. La demoiselle lui répond: «Mon ami, je sais bien que vous ne réussirez pas à me porter. Vous n'avez pas assez de forces. Si je pars avec vous, mon père en sera peiné, fâché et sa vie ne sera plus qu'un tourment. Je l'aime tellement et si tendrement que je ne voudrais pas le chagriner. Il faut donc que vous formiez un autre projet, car je ne veux pas prendre celui-ci en considération. Mais j'ai une parente à Salerne, c'est une femme qui a des biens et des revenus très importants. Elle vit là depuis plus de trente ans et a tellement pratiqué l'art de la médecine qu'elle est tout à fait experte en remèdes. Elle sait parfaitement les vertus des plantes et des racines°. Si vous voulez aller jusqu'à elle emporter ma lettre avec vous et lui expliquer votre affaire, elle y réfléchira et s'en occupera. Elle vous donnera alors des électuaires° et des breuvages capables de vous rendre plus fort et de vous donner la vigueur nécessaire. À votre retour dans ce pays vous me demanderez en mariage à mon père. Il vous prendra pour un enfant et vous dira la convention selon laquelle il ne m'accordera pas à un homme, quel que soit le mal qu'il se donne pour cela, s'il ne peut me porter au sommet de la montagne entre ses bras sans s'arrêter. Alors, acceptez de bonne grâce puisqu'il n'est pas possible de faire autrement.» En entendant cette déclaration et la décision de la jeune fille, le jeune homme est tout joyeux et l'en remercie. Il demande congé° à son amie et le voici dans son pays. En toute hâte il a pris de magnifiques vêtements, de l'argent, des chevaux de voyage et des chevaux de charge. Il n'emmène avec lui que ses intimes. Il va faire un séjour à Salerne pour parler à la tante de son amie. De sa part il lui remet une lettre. Une fois qu'elle l'a lue d'un bout à l'autre, elle garde le jeune homme avec elle jusqu'à ce qu'elle soit pleinement informée à son sujet. Grâce à des médicaments elle le fortifie. Elle lui confie un philtre° tel que, aussi fatigué, exténué ou épuisé° soit-il, toujours ce breuvage pourrait rendre la vigueur

s'éprendre de: *to fall in love with*

encounters

haste
failure
wise
moans
supporter: *to bear*

roots

electuaries, medicinal powders

leave

love potion
exhausted

à tout son corps, même à ses veines et à ses os°, et lui-même reprendrait toutes ses forces aussitôt après l'avoir bu. Il verse le breuvage dans un récipient et l'emporte dans son pays.

À son retour, le jeune homme, joyeux et heureux, ne s'attarde° pas dans ses domaines. Mais il va trouver le roi pour qu'il lui donne sa fille: il la prendra pour la porter au sommet de la montagne. Le roi ne l'éconduit° pas, mais il trouve sa demande tout à fait insensée parce qu'il est bien jeune. Il y a tant d'hommes de mérite, courageux et avisés, qui ont tenté l'entreprise sans pouvoir en venir à bout! Pourtant il lui désigne et lui fixe un jour. Il convoque ses vassaux, ses amis et tous ceux qu'il peut toucher, sans tolérer aucune absence. Pour voir sa fille et le jeune homme qui se risque à la porter au sommet de la montagne, ils sont venus de tous côtés. La demoiselle se prépare, se prive et jeûne beaucoup, se fait maigrir pour devenir plus légère, car elle veut soulager son ami. Au jour dit, tous se trouvent là, mais le jeune homme est arrivé le premier. Il n'a pas oublié son philtre. Du côté de la Seine, dans la prairie, au milieu de la foule° assemblée, le roi a conduit° sa fille. Elle n'est vêtue que de sa tunique. Le jeune homme prend la fille du roi dans ses bras. Il a la petite fiole qui contenait tout le philtre. Sachant bien que son amie ne veut pas le trahir°, il la lui met dans la main pour qu'elle la porte. Mais je crains que cela ne lui serve guère° car il ne connaît pas la mesure. Il emporte la jeune fille d'un pas° rapide et gravit la montagne jusqu'à mi-pente. Dans la joie qu'il éprouve à tenir la jeune fille, il oublie le philtre. Mais elle sent qu'il se fatigue: «Ami, dit-elle, buvez donc. Je vois bien que vous vous fatiguez. Reprenez ainsi vos forces.» Mais le jeune homme lui répond: «Amie, je sens mon cœur tout plein de vigueur, je ne m'arrêterais à aucun prix pour prendre le temps de boire pourvu que je puisse faire trois pas. Tous ces gens nous exciteraient par leurs cris et leurs clameurs m'étourdiraient°. Ils ne tarderaient pas à me troubler. Je ne veux pas m'arrêter ici.» Arrivé aux deux tiers de la pente°, il a failli tomber°. À de nombreuses reprises° la jeune fille l'implore: «Ami, buvez votre médicament!» Mais il ne veut jamais l'écouter ni suivre son conseil. Au prix d'une terrible souffrance, avec la jeune fille dans les bras, il avance. Le voilà au sommet. Mais il s'est épuisé au point qu'il tombe là et ne se relève pas. Son cœur s'est brisé dans sa poitrine. En voyant ainsi son ami, la jeune fille croit qu'il s'est évanoui°. Elle se met à genoux près de lui et veut lui donner son philtre, mais il ne peut plus lui parler. Il est mort comme je viens de vous le dire. La jeune fille, elle, se lamente sur lui et pousse de grands cris, puis elle vide° et jette le flacon qui contenait le philtre. La montagne s'en imprègne et la valeur de tout le pays aux alentours° en devient beaucoup plus grande. On y trouve depuis quantité de plantes médicinales qui ont poussé grâce au philtre.

Maintenant je vais vous parler à nouveau de la jeune fille. À la mort de son ami elle souffre plus qu'elle n'a jamais souffert. Elle se couche et s'étend auprès de lui, le serre et le retient dans ses bras. Souvent elle lui baise les yeux et la bouche. Puis la douleur que lui cause sa mort l'atteint°

bones

s'attarder: *to delay*

éconduire: *to dismiss*

crowd
conduire: *to lead*

trahir: *to betray*

ne ... guère: *scarcely /
    step*

étourdir: *to stun*
slope
faillir tomber: *to almost
    fall / many times*

s'évanouir: *to faint*

vider: *to empty*

in the vicinity

atteindre: *to reach*

au cœur. Et sur place meurt la demoiselle qui était si pleine de mérite, de sagesse° et de beauté. Le roi et tous ceux qui les attendaient, ne les voyant pas revenir, partent à leur recherche et les trouvent dans cet état. Le roi alors tombe à terre évanoui. Quand il peut à nouveau parler, il manifeste une profonde douleur, et les étrangers aussi. Pendant trois jours ils les ont laissés sur le sol. Puis ils envoient chercher un cercueil° de marbre dans lequel ils placent les deux jeunes gens. Sur le conseil des assistants on les enterre au sommet de la montagne. Ensuite tous se dispersent.

En raison de ce qui est arrivé aux deux jeunes gens, la montagne est appelée « Montagne des deux amants ». Il y advint° ce que je vous ai raconté et les Bretons en firent un lai.

wisdom

coffin

advenir: *to happen*

Après tout

Que sais-je?

Before doing the following exercises, please read the section on the *Après tout* activities in the Preface.

Vous préparez une interview pour dégager les éléments essentiels de l'histoire des deux amants. Pour vous assurer d'avoir bien saisi les faits de l'histoire, reportez-vous au lai pour trouver la réponse aux questions directives qui suivent:

Qui? _____

Quoi? _____

Quand? _____

Où? _____

Pourquoi? _____

Comment? _____

De temps en temps

A. Pour bien comprendre le récit du point de vue de l'un de ses personnages principaux, mettez les phrases suivantes, qui représentent les actions du jeune homme, dans l'ordre chronologique.

_____ Il s'éprit de la jeune fille et très souvent lui demanda de lui accorder son amour et de se lier avec lui comme amie.

_____ Il exhale ses plaintes et la supplie de partir avec lui.

_____ Il va faire un séjour à Salerne pour parler à la tante de son amie.

_____ Il verse le breuvage dans un récipient et l'emporte dans son pays.

_____ Mais il ne veut jamais l'écouter ni suivre son conseil.

_____ Il est mort comme je viens de vous le dire.

_____ Le voilà au sommet.

_____ Il emporte la jeune fille d'un pas rapide et gravit la montagne jusqu'à mi-pente.

_____ Mais il va trouver le roi pour qu'il lui donne sa fille: il la prendra pour la porter au sommet de la montagne.

_____ Arrivé aux deux tiers de la pente, il a failli tomber.

B. Pour comprendre le développement du lai dans le contexte d'une chronologie organisée à partir de ses éléments de base, appariez le numéro de chacune des phrases ci-dessus à son élément narratif correspondant.

Éléments narratifs des deux amants

_____ la déclaration d'amour   _____ la preuve

_____ l'appel au départ   _____ la force

_____ la tâche   _____ le danger

_____ le voyage   _____ la victoire

_____ l'objet magique   _____ la mort

Vocabulex

A. Remplissez les blancs dans les phrases suivantes, tirées du conte, par un/des mot(s) de la liste à la page 22. Servez-vous de la définition du mot en question ainsi que de son contexte pour bien choisir. Mettez le(s) mot(s) au féminin et/ou au pluriel, si nécessaire.

1. Le roi avait une fille, c'était une belle _____ très bien élevée.

2. Mais dans le pays, il y avait un jeune homme gracieux et bien fait, qui était le fils d'un _____ .

3. Sa vertu, ses valeurs _____ , la grande estime où le tenait le roi, firent qu'elle accepta d'être son amie et lui l'en remercia avec humilité.

4. Quand la nouvelle fut connue et répandue dans le pays, bien des _____ firent la tentative sans aboutir à rien.

5. Elle n'est vêtue que de sa _____ .

6. Elle vous donnera alors des _____ et des breuvages capables de vous rendre plus fort et de vous donner la vigueur nécessaire.

7. Elle lui confie un _____ tel que, aussi fatigué, exténué ou épuisé soit-il, toujours ce breuvage pourrait rendre la vigueur à tout son corps....

8. Il a la petite _____ qui contenait tout le _____ .

9. La jeune fille, elle, se lamente sur lui et pousse de grands cris, puis elle vide et jette le _____ qui contenait le _____ .

10. On y trouve depuis quantité de plantes médicinales qui ont poussé grâce au _____ .

11. Les Bretons en firent un _____ qu'on nomma les *deux amants*.

12. Il convoque ses _____ , ses amis et tous ceux qu'il peut toucher, sans tolérer aucune absence.

Vocabulex

Voilà une liste de mots tirés du vocabulaire des *deux amants*.

1. breuvage	11. gravir
2. cercueil	12. jeûner
3. chagriner	13. pente
4. chérir	14. plainte
5. échec	15. précipitation
6. éconduire	16. reine
7. épuisé	17. remède
8. évanoui	18. serrer
9. faillir	19. sommet
10. foule	20. tiers

1. Écrivez d'abord, sur une feuille de papier, la définition de chaque mot de la liste sans indiquer le mot lui-même.

2. Donnez votre liste de définitions à un(e) camarade qui essaiera d'assortir chaque mot à sa définition.
3. Travaillez avec votre camarade pour mettre les mots dans le mots croisés ci-dessous.

Chassé-croisé

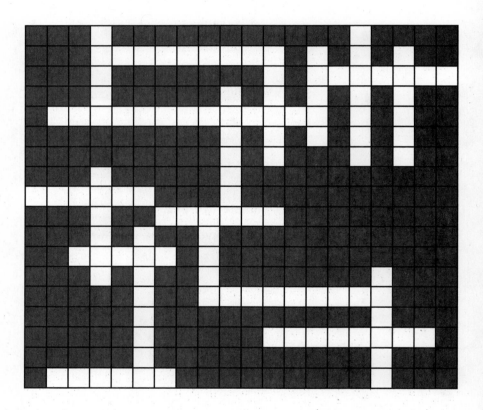

Vocabulex

A. Pour bien comprendre le caractère du jeune homme et son développement au cours du lai, faites une liste de tous les adjectifs, de tous les substantifs et de tous les verbes qui servent à le décrire.

B. Écrivez une définition de chaque mot.

C. Faites vous-même un mots croisés à partir des mots que vous avez trouvés.

Autrement dit

A. Formez des groupes de trois ou quatre personnes pour discuter en français les questions suivantes:

1. Êtes-vous d'accord avec le roi qui accepte des demandes en mariage pour sa fille, mais qui «se met à réfléchir en lui-même à la manière dont il pourra se débarrasser de toutes les demandes en mariage»?
2. Les deux amants étaient-ils vraiment amoureux? Pourquoi? Expliquez votre réponse.
3. Pourquoi le jeune homme n'a-t-il pas bu le philtre?
4. La demoiselle aurait-elle dû se laisser mourir après la mort de son amant?

B. Pour voir l'histoire des *deux amants* sous l'angle humain, préparez un jeu de rôles entre un(e) journaliste et le roi après la mort des deux amants.

Modèle:

Journaliste: «Quelle est la cause de votre douleur? Quel sera l'effet de ce malheur sur vos sujets?»

C. Écrivez le résumé de votre interview.

Composons!

A. Écrivez en français une dissertation de 500 mots sur les sujets suivants:

Consider *Romeo and Juliet* and *West Side Story.*

1. Racontez l'histoire des amants dans un contexte plus moderne.
2. L'égocentrisme du roi a causé la mort de sa fille. Discutez.
3. Faites un portrait psychologique de la fille du roi.
4. Quel était le rôle du philtre dans le lai des *deux amants.*

B. Écrivez une dissertation de mille mots sur les sujets suivants, qui demandent des recherches plus approfondies.

1. Discutez les concepts de la mesure et de la démesure dans le lai des *deux amants.*
2. Dégagez et discutez les éléments folkloriques des *deux amants.*

See *De temps en temps,* Activité B, on page 30.

See *Autrement dit*, Activités B + C, on page 33.

C. Consultez les modèles qui suivent pour ensuite écrire la notice nécrologique de la jeune demoiselle et du jeune homme, en y mettant les faits et les émotions que vous avez découverts au cours de votre interview.

Modèles:

LAFLEUR, Rose. À Montréal, le 2 mars, à l'âge de 24 ans, est décédée Mme Rose Lafleur, compagne bien-aimée de feu Michel Delisle. Elle laisse dans le deuil son père, Alexandre, sa mère, Geneviève (Ladouceur), et sa sœur, Violette. Selon ses volontés, elle ne sera pas exposée. Au lieu de fleurs, des dons à la Fondation Marie-Reine-des-cœurs seraient appréciés.

LECOMTE, Jean. À Paris, le 29 février, à l'âge de 31 ans, est décédé à la suite d'une brève maladie, M. Jean Lecomte. Il laisse pour le pleurer ses parents, Philippe et Anne (Langlois), sa fille Claire, ainsi que de nombreux parents, amis et collègues. Un service commémoratif a eu lieu le 3 mars, à Paris.

3

Ne me quitte pas

Jacques Brel

BELGIQUE

Jacques Brel est né en Belgique en 1929. Auteur-compositeur et chanteur, il a connu, après des années d'apprentissage sentimental et artistique, un succès fou à Paris.

Ne me quitte pas est typique du style simple mais passionné de Brel, qui emploie des mots de tous les jours pour exprimer les émotions profondément humaines de l'amour et de l'espoir.

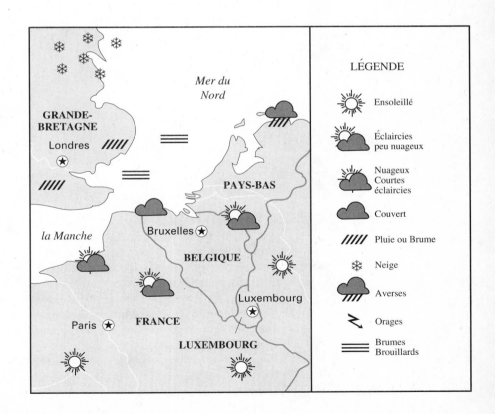

Avant tout

Vocabulex

Before doing the following exercises, please read the section on *Avant tout* activities in the Preface.

A. En vous référant, si nécessaire, à la carte météorologique à la page 35, mettez les mots suivants sous la catégorie pertinente.

pluie	or	volcan
ombre	terre	pleuvoir
lumière	s'embraser	pays
ciel	pleurer	flamboyer

AIR	EAU	FEU	TERRE

Dans le milieu

Préparez une présentation de cinq minutes maximum sur un poète francophone qui écrit des poèmes d'amour. Vous trouverez ci-dessous quelques indications pour vous aider à organiser votre travail.

1. Quel est le nom du poète que vous avez choisi?
2. Est-il (elle) encore vivant(e)? Sinon, quand est-il (elle) mort(e)?
3. Quel est son pays d'origine? Quelle est sa ville natale?
4. Pourquoi avez-vous choisi de parler de ce poète?
5. De quels aspects de l'amour traite-t-il (elle)?
6. Donnez quelques exemples de son travail.
7. Aimez-vous ses poèmes? Pourquoi ou pourquoi pas?
8. Donnez un bref résumé de vos idées.

Idéogrammes

Dessinez une carte sémantique pour illustrer chacun des thèmes suivants. (Vous trouverez à la page 8 le modèle d'une carte sémantique.)

1. l'amour
2. la nature

Autrement dit

Formez des groupes de trois ou quatre personnes pour discuter en français les sujets suivants. Avant de commencer, améliorez vos connaissances en vocabulaire en faisant l'exercice suivant.

A. Vous trouverez ci-dessous dix mots apparentés qui vous seront peut-être utiles au cours de votre discussion. Assurez-vous d'avoir bien compris le sens de ces mots en écrivant dans le blanc l'équivalent anglais de chaque mot.

1. amoureux *(a; nm)* _____
2. flirter *(vi)* _____
3. harceler *(vt)* _____
4. légitime *(a)* _____
5. mémoire *(nf)* _____
6. perdre *(vt)* la tête _____
7. platonique *(a)* _____
8. psychiatre *(nm/f)* _____
9. sentiment *(nm)* _____
10. tourmenter *(vt)* _____

B. Au cours de votre discussion, remplissez les blancs suivants en notant dix mots français que vous aurez appris en discutant, ainsi que l'équivalent anglais de chaque mot. Référez-vous aussi à ces listes en faisant votre essai à la fin du chapitre (p.47).

1. _____ _____
2. _____ _____
3. _____ _____

4. _____ _____
5. _____ _____
6. _____ _____
7. _____ _____
8. _____ _____
9. _____ _____
10. _____ _____

C. Formez maintenant vos groupes de trois ou quatre personnes et discutez en français les questions suivantes. Comparez ensuite vos réponses à celles des autres étudiant(e)s dans la classe. Êtes-vous d'accord?

1. «Tout peut s'oublier», dit Brel. Êtes-vous d'accord? Pourquoi ou pourquoi pas?
2. Quelles sortes d'amour existe-t-il?
3. Quelle est la différence entre l'amour non partagé et l'obsession?
4. L'amour est-il toujours une émotion positive?

De grand style

Please refer to Appendix 2 for literary terms.

A. Marquez, sur la première strophe du poème, tous les signes de ponctuation qui y manqueraient.

Ne me quitte pas
Il faut oublier
Tout peut s'oublier
Qui s'enfuit déjà
Oublier le temps
Des malentendus
Et le temps perdu
À savoir comment
Oublier ces heures
Qui tuaient parfois
À coups de pourquoi
Le cœur du bonheur
Ne me quitte pas
Ne me quitte pas
Ne me quitte pas
Ne me quitte pas

B. Essayez de faire de cette première strophe un poème en prose en tenant compte des signes de ponctuation que vous venez d'y marquer. Notez toutes les phrases qui ne s'adaptent pas bien à la prose.

C. Étudiez toutes les phrases qui ne s'adaptent pas bien à la prose afin de décider quelles sont les qualités essentiellement poétiques de *Ne me quitte pas*.

D. Discutez ce que vous avez découvert avec un(e) camarade de classe et comparez vos idées pour arriver à une hypothèse commune sur la question: «Qu'est-ce que c'est que la poésie?».

E. Comparez votre réponse à celle des autres groupes dans la classe.

Ne me quitte pas

     Ne me quitte pas
     Il faut oublier
     Tout peut s'oublier
     Qui s'enfuit° déjà   s'enfuir: *to slip away*
 5   Oublier le temps
     Des malentendus°   *misunderstandings*
     Et le temps perdu
     À savoir comment
     Oublier ces heures
10   Qui tuaient° parfois   tuer: *to kill*
     À coups de pourquoi
     Le cœur du bonheur
     Ne me quitte pas
     Ne me quitte pas
15   Ne me quitte pas
     Ne me quitte pas

     Moi je t'offrirai
     Des perles de pluie
     Venues de pays
20   Où il ne pleut pas
     Je creuserai° la terre   creuser: *to dig*
     Jusqu'après ma mort

Pour couvrir ton corps
D'or et de lumière
25   Je ferai un domaine
Où l'amour sera roi
Où l'amour sera loi
Où tu seras reine
Ne me quitte pas
30   Ne me quitte pas
Ne me quitte pas
Ne me quitte pas

Ne me quitte pas
Je t'inventerai
35   Dos mots insensés
Que tu comprendras
Je te parlerai
De ces amants-là
Qui ont vu deux fois
40   Leurs cœurs s'embraser°   s'embraser: *to flare up*
Je te raconterai
L'histoire de ce roi
Mort de n'avoir pas
Pu te rencontrer
45   Ne me quitte pas
Ne me quitte pas
Ne me quitte pas
Ne me quitte pas

On a vu souvent
50   Rejaillir° le feu   rejaillir: *to spurt back up*
De l'ancien volcan
Qu'on croyait trop vieux
Il est paraît°-il   paraître: *to seem*
Des terres brûlées°   *burnt*
55   Donnant plus de blé°   *wheat*
Qu'un meilleur avril
Et quand vient le soir
Pour qu'un ciel flamboie°   flamboyer: *to blaze*
Le rouge et le noir
60   Ne s'épousent-ils pas
Ne me quitte pas
Ne me quitte pas
Ne me quitte pas
Ne me quitte pas

65 Ne me quitte pas
Je ne vais plus pleurer
Je ne vais plus parler
Je me cacherai là
À te regarder
70 Danser et sourire°   sourire: *to smile*
Et à t'écouter
Chanter et puis rire°   rire: *to laugh*
Laisse-moi devenir
L'ombre de ton ombre°   *shadow*
75 L'ombre de ta main
L'ombre de ton chien
Ne me quitte pas
Ne me quitte pas
Ne me quitte pas
80 Ne me quitte pas

Après tout

Que sais-je?

Before doing the following exercises, please read the section on *Après tout* activities in the Preface.

A. Révisez les éléments bien définis de *Ne me quitte pas* en trouvant dans le poème une chose...

1. qu'il faut oublier. _____

2. que le poète offrira à son amante. _____

3. dont il couvrira le corps de son amante. _____

4. qu'il inventera pour elle. _____

5. dont il parlera à son amante. _____

6. qu'il lui racontera. _____

7. qu'on a vu souvent. _____

8. que le poète ne va plus faire. _____

9. qu'il regardera faire son amante. _____

10. qu'il veut devenir. _____

B. Rassemblez les éléments que vous venez de définir pour décrire dans un paragraphe...

1. le passé des amants.
2. le futur des amants s'ils restent ensemble.
3. le futur du poète si son amante le quitte.

Vocabulex

A. Pour bien comprendre la force émotive des mots d'un poème, il est parfois utile d'étudier le poème en le lisant d'une perspective différente. Pour ce faire, suivez les indications ci-dessous.

1. Trouvez d'abord, dans le poème, les mots clés soulignés ci-dessous.
2. Écrivez ensuite, pour chacun des mots, son contraire.
3. Copiez ensuite le vers original où se trouve le mot clé.
4. Recopiez enfin le vers en substituant au mot original son contraire.

Modèle:

Mot original: *parler* _____

Son contraire: *se taire* _____

Vers original: Je ne vais plus parler.

Vers modifié: Je ne vais plus me taire.

1. Mot original: *oublier* _____

   Son contraire: _____

   Vers original: _____
   Vers modifié: _____

2. Mot original: *perdu* _____

   Son contraire: _____

   Vers original: _____
   Vers modifié: _____

3. Mot original: *bonheur* _____

   Son contraire: _____

   Vers original: _____
   Vers modifié: _____

4. Mot original: _amour_ _____

   Son contraire: _____

   Vers original: _____

   Vers modifié: _____

5. Mot original: _lumière_ _____

   Son contraire: _____

   Vers original: _____

   Vers modifié: _____

6. Mot original: _s'embraser_ _____

   Son contraire: _____

   Vers original: _____

   Vers modifié: _____

7. Mot original: _vieux_ _____

   Son contraire: _____

   Vers original: _____

   Vers modifié: _____

8. Mot original: _meilleur_ _____

   Son contraire: _____

   Vers original: _____

   Vers modifié: _____

9. Mot original: _s'épouser_ _____

   Son contraire: _____

Vers original: _____

Vers modifié: _____

10. Mot original: *sourire (vi)*_____

    Son contraire: _____

    Vers original: _____

    Vers modifié: _____

B. Afin de bien entendre les changements apportés au sens du poème par l'exercice que vous venez de faire, suivez les directives ci-dessous.

1. Formez des groupes de cinq personnes.
2. Lisez, à tour de rôle, les cinq strophes du poème original.
3. Relisez ces cinq strophes en substituant aux mots clés les contraires que vous venez de trouver.
4. Discutez l'effet émotif produit par la version modifiée du poème.
5. Quelle version préférez-vous? Discutez votre choix.

De temps en temps

A. Consultez le modèle donné pour compléter le tableau suivant. Copiez d'abord, dans l'ordre chronologique, tous les vers du poème qui contiennent des verbes. Soulignez ensuite chaque verbe et recopiez-le sous «VERBE». Indiquez, pour chaque verbe, le temps et le mode afin d'essayer de tracer l'argument du poète. Indiquez enfin les verbes qui décrivent les actions du poète et ceux qui représentent plutôt un commentaire. Si la catégorie ne convient pas, écrivez N/A dans la case.

Vers Action/Commentaire	Verbe	Temps	Mode
Ne me *quitte* pas	quitte	N/A	impératif action
Il *faut oublier*	faut	présent	indicatif commentaire
	oublier	N/A	infinitif action

Vers Action/Commentaire	Verbe	Temps	Mode

B. Formez des groupes de trois ou quatre personnes pour discuter en français la structure du poème dans le contexte de son système de verbes.

The central theme of a poem or a song can often be found in its refrain or in the words, phrases, and sounds that recur throughout the text. The repetition and rhyme so evident in *Ne me quitte pas* reinforce quite clearly its predominant theme.

Vocabulex

A. Trouvez les mots que Brel utilise pour rimer avec les mots suivants.

1. domaine _____

2. fois _____

3. heures _____

4. malentendu _____

5. mort _____

6. parfois _____

7. pas _____

8. roi _____

9. soir _____

10. temps _____

B. Soulignez tous les noms et les verbes qui sont répétés dans le poème.

C. Discutez avec un(e) camarade de classe l'effet de la répétition et de la rime dans le poème.

D. Apprenez le poème par cœur afin d'entendre la force de la répétition.

Chasse aux trésors

Trouvez à la bibliothèque ou chez vous un poème ou une chanson qui exprime des sentiments aussi passionnés que ceux de *Ne me quitte pas.* Quelles sont les ressemblances et les différences entre les deux œuvres? Discutez votre poème avec un(e) camarade de classe.

Autrement dit

Formez des groupes de trois ou quatre personnes et discutez en français les sujets suivants. Consultez vos listes de vocabulaire aux pages 37–38 afin de mieux exprimer vos idées.

1. Pourquoi Brel aurait-il écrit un poème pour s'exprimer? Comment aurait-il pu s'exprimer différemment?
2. Comment décririez-vous l'état d'esprit du poète?
3. Quelles sont les différentes sortes d'amour que décrit le poète?

Composons!

Review *De grand style,* Activités A + B, on pages 38–39.

See *Dans le milieu* on page 36 for some help organizing your research.

Écrivez en français environ 500 mots sur les sujets suivants.

1. Récrivez le poème en forme de lettre.
2. Faites des recherches sur Jacques Brel afin de faire la chronique des événements principaux de sa vie.
3. Discutez dans quelle mesure *Ne me quitte pas* est autobiographique.
4. Essayez de trouver l'enregistrement de la chanson interprétée par Jacques Brel et dites dans quelle mesure vos idées s'y sont réalisées. Connaissez-vous la version anglaise de la chanson? Croyez-vous que cette version reste fidèle à la version française? Pourquoi et comment?

Liens affectifs

L'amour

L'amour donne aux trois textes de cette section leur unité thématique, mais il y existe aussi des résonances et des échos moins évidents. Pour explorer un peu plus profondément ce réseau intertextuel, écrivez en français une dissertation de 750 mots sur l'un des sujets suivants.

1. Discutez l'image du roi dans *Ne me quitte pas* et *Les deux amants*.
2. L'image de la nature est essentielle à l'expression de l'amour dans *Ne me quitte pas* et *Love me, love my dog*, mais Brel et Maillet en traitent d'une manière bien différente. Comparez l'image de la nature dans les deux textes.
3. Discutez le rôle du malentendu dans *Love me, love my dog* et *Ne me quitte pas*.
4. Quel est, à votre avis, un autre thème qui relie *Les deux amants* à *Love me, love my dog* ou à *Ne me quitte pas*? Discutez votre choix.
5. L'amour est un thème commun aux trois textes de cette section, mais chacun de ces textes traite d'une sorte d'amour peu commune. Discutez les divers aspects de l'amour dans *Love me, Love my dog*, *Les deux amants* et *Ne me quitte pas*.

Penn

Penn

Penn

4 *La chambre octogonale*

Michel Tremblay

CANADA

Né à Montréal en 1942, Michel Tremblay est un dramaturge, conteur, romancier, traducteur et scénariste célèbre dont les œuvres ont été traduites en une vingtaine de langues. Il a été nommé, en 1978, le Montréalais le plus remarquable des deux décennies pour sa contribution à l'art dramatique et, en 1984, chevalier de l'Ordre des Arts et des Lettres de France, pour l'ensemble de son œuvre. Il a reçu la Médaille du Lieutenant-gouverneur de l'Ontario, le Prix France-Québec et, en 1988, le Prix Athanase-David.

La chambre octogonale, publiée en 1966 dans ses *Contes pour buveurs attardés,* révèle déjà, dans sa simplicité séduisante et sa tentative de dire l'indicible, la naissance d'un conteur digne du nom.

Avant tout

Vocabulex

A. Étudiez l'image à la page 51.

B. Écrivez ci-dessous dix mots français que vous penseriez, d'après cette image, trouver dans *La chambre octogonale*.

1. _____
2. _____
3. _____
4. _____
5. _____
6. _____
7. _____
8. _____
9. _____
10. _____

C. Comparez votre liste à celle d'un(e) camarade de classe. Mettez-vous d'accord sur le thème éventuel de *La chambre octogonale*.

D. Discutez avec vos camarades de classe votre choix de thème. Soyez prêt(e) à justifier votre choix.

Idéogrammes

Dessinez une carte sémantique pour illustrer chacun des thèmes suivants. Vous trouverez à la page 8 le modèle d'une carte sémantique.

1. La peur
2. Les bêtes
3. L'octogone

De grand style

A. Tel que l'indique le titre du conte, la délimitation de l'espace est très importante dans *La chambre octogonale*. Afin de pouvoir bien vous représenter la maison de Frédéric, où a lieu le récit, il convient de dessiner, à partir des indications données dans les citations ci-dessous, un plan provisoire de la maison. Pour vous aider, déterminez d'abord, pour chaque citation, quelle est la pièce ou quelles sont les pièces en question et précisez, si possible, si la porte de chaque pièce est ouverte ou fermée.

1. Il regardait souvent du côté de la porte du salon où nous dînions et n'écoutait pas la moitié de ce que je lui disais.

   pièce(s) _____

   porte(s) _____

2. Lorsque nous quittâmes le salon, il était tellement nerveux qu'il avait peine à se tenir debout.
   Quand il eut refermé la porte de la bibliothèque derrière nous, il se précipita vers moi, me suppliant de le sauver, de le délivrer de ces choses affreuses qui le poursuivaient partout et le tourmentaient sans cesse.

   pièce(s) _____

   porte(s) _____

3. «Mais, pendant le repas, je les ai entendues qui marchaient derrière la porte de la chambre octogonale — c'est dans cette pièce qu'elles se sont réfugiées depuis mon retour — et je suis sûr qu'elles se préparent à se jeter sur moi aussitôt que ma volonté sera trop faible pour les combattre.»

   pièce(s) _____

   porte(s) _____

4. Si tu ouvres la porte de la chambre octogonale, elles ne viendront pas toutes. Mais si tu ouvres la porte, elles pourront s'échapper par milliers, par millions!

   pièce(s) _____

   porte(s) _____

5. «Tu dois t'imaginer ces choses, lui dis-je en ouvrant la porte de la bibliothèque.»

pièce(s) _____

porte(s) _____

6. Arrivé à la chambre octogonale qui se trouvait au fond du corridor du rez-de-chaussée, je collai une oreille à la porte.

    pièce(s) _____

    porte(s) _____

7. J'ouvris la porte brusquement. Frédéric hurla de peur et se précipita dans la bibliothèque, refermant la porte derrière lui.

    pièce(s) _____

    porte(s) _____

8. La chambre octogonale était tout à fait inoffensive. Je sortis de la pièce en laissant la porte ouverte et me dirigeai vers la bibliothèque.

    pièce(s) _____

    porte(s) _____

9. — Ferme la porte, souffla mon ami, cela les retardera quelques instants.
    Je fermai la porte et m'approchai de Frédéric.

    pièce(s) _____

    porte(s) _____

10. Soudain, Frédéric, bondissant de son siège, cria: «Regarde! Il y en a quelques-unes qui passent sous la porte!»

    pièce(s) _____

    porte(s) _____

11. La porte de la bibliothèque, pourtant de chêne massif, se mit soudain à plier sous une poussée formidable de ces choses que je ne pouvais voir. Le bois craquait, les pentures s'arrachaient... Elle céda tout à coup et un flot de bruit s'engouffra dans la pièce.

    pièce(s) _____

    porte(s) _____

B. D'après ce que vous avez trouvé, dessinez ci-dessous le plan de la maison de Frédéric.

Chassé-croisé

Pour reprendre le thème de l'octogone, trouvez les mots de vocabulaire nécessaires pour faire le mots croisés ci-dessous, selon les indices donnés.

Horizontalement

1. se dépêcher, se précipiter
2. discerner, remarquer
3. faible, triste et découragé
4. attaqué
5. partie du vêtement qui entoure le cou
6. le plus haut degré
7. transpiration
8. affirmation en réponse à une idée négative
9. pleurer avec des respirations convulsives et bruyantes
10. pousser des cris prolongés et violents

Verticalement

1. qui est agité par la crainte, l'incertitude; anxieux, tourmenté
2. aliéné, dément, anormal, bizarre, détraqué
3. dénoncer, abandonner
4. anxiété, incertitude, peur
5. blatte, cafard
6. jambe des animaux
7. défailli
8. épouvanter, terrifier
9. petite fenêtre étanche
10. crainte, effroi, terreur, épouvante, frayeur
11. bande métallique fixée sur une porte
12. pensée, âme, conscience, caractère

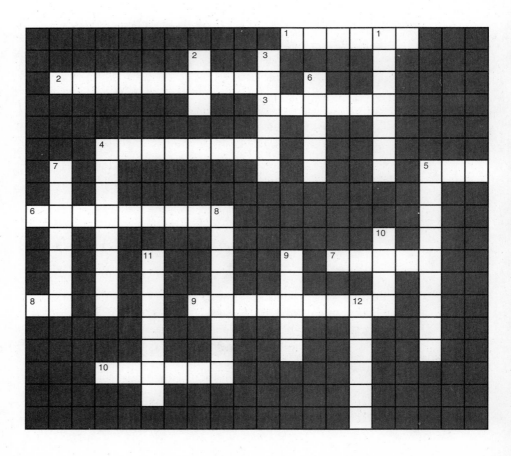

Autrement dit

Formez des groupes de trois ou quatre personnes pour discuter en français les sujets suivants. Avant de commencer, améliorez vos connaissances en vocabulaire en faisant l'exercice suivant.

A. Vous trouverez ci-dessous dix mots apparentés qui vous seront peut-être utiles au cours de votre discussion. Assurez-vous d'avoir bien compris le sens de ces mots en écrivant dans le blanc l'équivalent anglais de chaque mot.

1. anormal (*a*) _____
2. charme (*nm*) _____
3. contre-charme (*nm*) _____
4. dangereux (*a*) _____
5. fantôme (*nm*) _____
6. imaginer (*vt*) _____
7. inaccessible (*a*) _____
8. maniaque (*nm/f, a*) _____
9. occultisme (*nm*) _____
10. sorcier (*nm*), sorcière (*nf*) _____

B. Au cours de votre discussion, remplissez les blancs suivants en notant dix mots français que vous aurez appris en discutant, ainsi que l'équivalent anglais de chaque mot. Référez-vous aussi à ces listes en faisant votre essai à la fin du chapitre (p. 72).

1. _____ _____
2. _____ _____
3. _____ _____
4. _____ _____
5. _____ _____
6. _____ _____
7. _____ _____
8. _____ _____

9. _____   _____

10. _____   _____

_____   _____

C. Formez maintenant vos groupes de trois ou quatre personnes et discutez en français les questions suivantes. Comparez ensuite vos réponses à celles des autres étudiant(e)s dans la classe. Êtes-vous d'accord?

1. Croyez-vous à la magie noire? Au vaudou? Pourquoi ou pourquoi pas?
2. Avez-vous jamais eu une expérience bizarre ou inexplicable?
3. Croyez-vous à ce que vous ne pouvez pas voir?
4. Que signifie, au sens figuré, une porte ouverte ou une porte fermée?

When you're trying to understand the cultural context of a particular text, try to relate it to something you're already familiar with. You may discover something about both cultures in the process.

Dans le milieu

A. Le bingo. Le loto. La roue de la fortune. La culture du hasard et du nombre fait partie intégrante de la société actuelle. Pourrait-elle faire aussi partie d'une œuvre littéraire? Pourrait-on établir des correspondances entre des domaines aussi divers que les mathématiques et la littérature? Avant de répondre à ces questions, lisez les phrases suivantes.

1. En termes de mathématiques, la ligne représente la première dimension, la surface la deuxième dimension, et le volume la troisième.
2. Le numéro 8, qui correspond au préfixe «octo-», représente, en termes de mathématiques, deux fois deux fois deux (2x2x2) et appartient, par là, à la troisième dimension.
3. La grand-mère de Frédéric, dans *La chambre octogonale*, s'était fait construire une «chambre ayant la forme d'un octogone» et «s'y était suicidée à l'âge de quatre-vingt ans».
4. Il y a deux personnages principaux dans *La chambre octogonale*, Frédéric et son ami, sans compter un troisième, que l'on ne voit pas dans le récit, c'est-à-dire la grand-mère de Frédéric, «qui avait été une femme fort originale et fort étrange» et qui est morte.
5. Frédéric revient d'un voyage de trois ans qui l'a «complètement transformé».
6. Les choses qui poursuivent Frédéric «depuis son départ d'Afrique» et qui menacent de le tuer, «se sont installées dans la chambre octogonale» et «se sont sûrement multipliées durant la nuit».
7. Le bruit que font ces choses grandit «de seconde en seconde».

8. Le bruit ressemble à celui que ferait «un nombre incalculable de petites bêtes».

B. Soulignez, dans les phrases ci-dessus, les mots qui se rapportent aux mathématiques. (Les mots entre guillemets sont tirés de *La chambre octogonale*.)

C. Formez des groupes de trois ou quatre personnes pour discuter en français les questions suivantes.

1. Croyez-vous à la valeur symbolique des nombres? Êtes-vous sceptique?
2. À quoi associez-vous le mot «octogonal»?

La chambre octogonale

Sitôt° de retour de son voyage autour du monde, Frédéric m'avait invité à dîner chez lui pour renouer, selon son expression, une amitié malheureusement interrompue durant ce voyage. Je n'avais pas vu Frédéric depuis trois ans et je fus très surpris de voir combien il avait changé depuis son départ. Ce n'était plus le Frédéric joyeux et insouciant° que j'avais toujours connu que je voyais devant moi; c'était un homme abattu°, nerveux et pâle; un homme vieilli aussi. Ses tempes commençaient déjà à grisonner et des rides° s'étaient creusées° sur son front° et de chaque côté de son nez. Ce n'était plus du tout le même homme.

   La première chose que Frédéric me dit lorsqu'il me vit fut: «Tu n'as pas changé, tu n'as pas changé du tout depuis trois ans! Tu ne vieilliras donc jamais?» Je ne savais que lui répondre. Je ne voulais pas lui dire qu'il avait beaucoup vieilli, lui, et qu'il paraissait dix ans plus vieux que son âge véritable. «Je sais, avait-il dit après un silence gênant°, j'ai beaucoup vieilli. Tu ne me reconnaîtras pas, tu verras! Ce voyage de trois ans, tous ces pays que j'ai visités, m'ont complètement transformé. J'ai des tas de choses à te raconter. Après le dîner, je te ferai voir mes trésors!» Mais il ne semblait pas très sincère et son sourire était forcé.

   Je l'examinai attentivement durant le repas et je m'aperçus qu'il était nerveux, inquiet à un point surprenant... Il regardait souvent du côté de la porte du salon où nous dînions et n'écoutait pas la moitié° de ce que je lui disais. Il semblait attendre quelqu'un ou quelque chose... Il s'efforçait d'être joyeux cependant, mais son regard trahissait° de l'angoisse et je me

as soon as

carefree
despondent

wrinkles / se creuser: to furrow / forehead

embarrassing

half

trahir: to betray

demandais ce qui pouvait tant l'effrayer°. Car il avait peur, j'en étais certain. À la fin du repas, il tremblait et des sueurs° coulaient° sur son front. Il avait détaché le col de sa chemise et ses mains s'agitaient sans cesse, courant d'un verre à un autre, de la nappe à son front trempé°...

Lorsque nous quittâmes le salon, il était tellement nerveux qu'il avait peine à se tenir debout.

Quand il eut refermé la porte de la bibliothèque derrière nous, il se précipita vers moi, me suppliant° de le sauver, de le délivrer de ces choses affreuses° qui le poursuivaient partout et le tourmentaient sans cesse. Je ne comprenais rien à ce qu'il me disait et fus obligé de le secouer° violemment pour qu'il se tranquillise un peu. «Qu'est-ce que tu as? lui demandai-je lorsqu'il se fut calmé. Es-tu malade? Je ne comprends rien à tes histoires... Explique-toi plus clairement!» Frédéric s'était assis dans un fauteuil et semblait avoir encore vieilli de dix ans.

effrayer: to frighten
sweat / couler: to flow

drenched

supplier: to beg
hideous
secouer: to shake

«C'est terrible, dit-il enfin. Parfois, j'ai l'impression que tout ce qui m'arrive n'existe pas réellement et que je suis fou. Mais je ne suis pas fou... Ces choses sont réelles et je ne puis m'en débarrasser°!»

— Mais quelles choses, demandai-je, quelles choses?

— Tu le sauras tout à l'heure, me répondit Frédéric. Je sens qu'elles vont venir. Je croyais qu'elles ne viendraient pas, aujourd'hui, c'est pourquoi je t'ai invité à dîner. Mais, pendant le repas, je les ai entendues qui marchaient derrière la porte de la chambre octogonale — c'est dans cette pièce

se débarrasser de: to get
rid of

qu'elles se sont réfugiées depuis mon retour — et je suis sûr qu'elles se préparent à se jeter sur moi aussitôt que ma volonté sera trop faible pour les combattre.

Je croyais que Frédéric était devenu fou. Qu'étaient donc ces choses dont il parlait et pourquoi s'étaient-elles réfugiées dans la chambre octogonale?

Je me levai et me dirigeai vers la porte.

— Où vas-tu? me demanda Frédéric.

— Dans la chambre octogonale, répondis-je.

— Non, non, n'y va pas! N'ouvre pas la porte de cette chambre! Elles viendraient en plus grand nombre et me tueraient°!

— Mais qui, elles? Que sont-elles? Il faut me le dire, Frédéric. Il faut que je sache si tu veux que je t'aide!

— Tu ne me croirais pas si je te disais ce qu'elles sont... Quand tu les auras vues, tu me croiras. Ne va pas dans la chambre octogonale. Elles vont venir ici. Tu les verras. Point n'est besoin d'aller dans la chambre octogonale. Elles vont venir ici. Tu les verras. Si tu n'ouvres pas la porte de la chambre octogonale, elles ne viendront pas toutes. Mais si tu ouvres la porte, elles pourront s'échapper° par milliers, par millions!

Frédéric s'était levé. Il criait comme un fou, gesticulant et courant presque dans la pièce. «Tu dois t'imaginer ces choses, lui dis-je en ouvrant la porte de la bibliothèque. Viens avec moi dans la chambre octogonale, tu verras qu'il n'y a rien. C'est la seule façon de te libérer de tes hallucinations.»

— Non, n'y va pas, je t'en supplie! Tu le regretteras!

Il me suivait alors que je me dirigeais vers° la chambre octogonale, essayant de me retenir par les épaules ou par mon habit°. Je lui donnai une poussée et il s'écroula° sur le tapis° du corridor en sanglotant°. Il était au paroxysme de la folie et criait comme quelqu'un qu'on torture. «Tu le regretteras! Tu seras responsable de ma mort! Tu seras mon assassin! Si tu ouvres cette porte, tu me tues!»

Arrivé à la chambre octogonale qui se trouvait au fond du corridor du rez-de-chaussée, je collai° une oreille à la porte. Je n'entendais rien. Tout était silencieux dans la pièce.

La chambre octogonale, ainsi appelée à cause de ses huit murs et aussi à cause de la forme octogonale de tous les meubles et de tous les objets qui s'y trouvaient, était la chambre des grands-parents de mon ami. La grand-mère de Frédéric, qui avait été une femme fort originale et fort étrange, avait un jour décidé de se faire construire une chambre ayant la forme d'un octogone et dans laquelle seraient placés un lit octogonal, des meubles, des accessoires octogonaux... Elle avait vécu très heureuse dans cette pièce et s'y était suicidée à l'âge de quatre-vingts ans.

— Je n'entends rien, dis-je à Frédéric qui s'était relevé et qui se tenait debout au milieu du corridor, les yeux sortis de la tête. Il n'y a rien d'extraordinaire dans cette pièce.

tuer: *to kill*

s'échapper: *to escape*

se diriger vers: *to head for*
clothes
s'écrouler: *to collapse /*
  carpet / sangloter: *to*
  sob

coller: *to press*

J'ouvris la porte brusquement. Frédéric hurla° de peur et se précipita dans la bibliothèque, refermant la porte derrière lui.

Il n'y avait rien de suspect dans la chambre octogonale. Mais cette pièce était vraiment étrange. Je n'y étais jamais entré sans me sentir mal à l'aise. J'avais toujours eu l'impression que cette pièce était l'œuvre d'un esprit dérangé. Pourtant, Frédéric m'avait juré° que sa grand-mère n'avait jamais été folle... Ce qui m'étonnait° le plus quand j'entrais dans cette pièce c'était la fenêtre. Cette fenêtre à huit côtés ressemblait à un hublot° de navire et j'étais toujours surpris d'apercevoir un jardin avec des arbres et des fleurs quand je regardais au dehors...

Je fouillai° partout, cherchant... je ne savais quoi au juste. Je ne trouvai rien. La chambre octogonale était tout à fait inoffensive. Je sortis de la pièce en laissant la porte ouverte et me dirigeai vers la bibliothèque. Je trouvai Frédéric presque évanoui° dans un fauteuil. «Il n'y a rien dans cette pièce, lui dis-je. Tu dois t'imaginer ces choses. Tu devrais voir un médecin.»

— Ferme la porte, souffla° mon ami, cela les retardera quelques instants.

Je fermai la porte et m'approchai de Frédéric. «Il faut tout me dire, lui dis-je doucement. Je pourrai peut-être t'aider quand je saurai. Raconte-moi tout.»

Mais Frédéric refusa de tout m'expliquer. Il me dit seulement que ces choses le suivaient depuis son départ d'Afrique, l'attaquant presque chaque jour... «Elles n'ont pas encore réussi à me tuer parce qu'elles ne m'attaquent jamais en grand nombre. J'ai réussi à en tuer des milliers, mais d'autres viennent remplacer celles que je tue, des plus grosses, des plus féroces. Le jour où elles viendront toutes... Quand je suis revenu ici, hier, elles se sont installées dans la chambre octogonale. Elles se sont sûrement multipliées durant la nuit... Elles ont fait un bruit terrible dans la chambre octogonale... toute la nuit... un bruit terrible. Mais elles ne sont pas sorties de la chambre octogonale. Ce matin, je ne les entendais plus. Alors j'ai cru qu'elles me laisseraient en paix pour un jour ou deux comme elles le font quelquefois... Mais tu leur as ouvert la porte. Elles vont venir, oh! elles vont venir et me tueront!»

À peine° avait-il prononcé ces mots que j'entendis un drôle de bruit dans le corridor. Frédéric avait entendu, lui aussi. Il me prit la main et me dit: «Les voilà! Adieu, mon ami. Cette fois, elles viendront en très grand nombre pour me tuer. Tu les entends? Elles sont sorties de la chambre octogonale et se dirigent vers nous!»

Je me levai et voulus jeter un coup d'œil dans le corridor mais Frédéric me regarda d'une façon tellement suppliante que je n'eus pas le courage de le contrarier.

Le bruit grandissait de seconde en seconde et devenait assourdissant°. C'était un bruit étrange, comme celui que feraient des millions de petites pattes et de petites bouches. C'était comme si un nombre incalculable de petites bêtes se fussent promenées dans le corridor, se bousculant°, se poussant pour arriver au plus vite... je ne sais où. Cela craquait comme si

hurler: *to yell*

jurer: *to swear*
étonner: *to astonish*
porthole

fouiller: *to search*

unconscious

souffler: *to whisper*

scarcely

deafening

se bousculer: *to jostle each other*

on eût écrasé des tonnes de cancrelats° ou autres petits insectes. Et cet   *cockroaches*
affreux cliquetis grandissait toujours, s'approchant de plus en plus de la
bibliothèque. Nous regardions la porte, Frédéric et moi, et nous avions
peur. Je commençais à croire ce que m'avait raconté mon ami.

    Soudain, Frédéric, bondissant de son siège, cria: «Regarde! Il y en a
quelques-unes qui passent sous la porte!» J'avais beau regarder l'endroit
que me montrait mon ami, je ne voyais rien. J'entendais seulement le bruit
horrible qui venait du corridor. «Je ne vois rien» criai-je à mon tour, énervé.
«Si, si, regarde, elles se dirigent vers toi! Pousse-toi contre le mur, elles vont
t'atteindre, elles sont tout près de toi!» Mais je ne voyais rien! Je ne voyais
rien! Je me mis à hurler de peur et me collai contre le mur.

    Frédéric commença à courir dans la pièce. Il se donnait des claques° un   *slaps*
peu partout sur le corps comme pour écraser des choses qui se seraient
accrochées° à ses vêtements. Mais il n'y avait rien sur les vêtements de   *s'accrocher: to cling*
Frédéric! Et ce maudit bruit qui augmentait encore!

    La porte de la bibliothèque, pourtant de chêne° massif°, se mit soudain   *oak / solid*
à plier° sous une poussée formidable de ces choses que je ne pouvais voir.   *plier: to bend*
Le bois craquait, les pentures s'arrachaient°... Elle céda° tout d'un coup et   *s'arracher: to tear away /*
un flot de bruit s'engouffra° dans la pièce. Frédéric ne criait plus. Il sem-   *céder: to give way /*
blait être assailli par des millions de bêtes qui le dévoraient... Il tomba à la   *s'engouffrer: to rush*
renverse sous la poussée de ces êtres invisibles et se remit à crier. «J'en ai
plein la bouche! J'en ai plein les yeux! Elles me dévorent! Tu m'as tué! Tu
m'as tué!»

    Je fermai les yeux alors que le bruit était à son apogée°...   *peak*

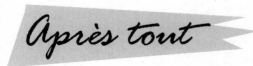

Que sais-je?

A. Afin de vous assurer d'avoir bien saisi l'intrigue du conte, répondez
en français aux questions suivantes.

    1. Combien de temps le voyage de Frédéric a-t-il duré?

      _____

    2. Dans quelle pièce les deux amis ont-ils dîné?

      _____

    3. Après avoir quitté le salon, où sont-ils allés?

      _____

4. Qu'est-ce que Frédéric a entendu pendant le repas?

_____

5. Selon Frédéric, quand est-ce que les choses allaient se jeter sur lui?

_____

6. Où Frédéric défendit-il à son ami d'aller?

_____

7. Où se trouvait la chambre octogonale?

_____

8. Qui avait vécu dans la chambre octogonale?

_____

9. Qu'est ce qui étonnait le plus l'ami de Frédéric en entrant dans la chambre octogonale?

_____

10. Depuis quand les choses suivaient-elles Frédéric?

_____

11. Pourquoi les choses n'avaient-elles pas encore réussi à tuer Frédéric?

_____

12. Étaient-elles sorties de la chambre octogonale pendant la nuit?

_____

13. À quoi le bruit dans le corridor ressemblait-il?

_____

14. Comment les choses sont-elles entrées dans la bibliothèque?

_____

15. Quand l'ami de Frédéric a-t-il fermé les yeux?

_____

B. Pour vous rappeler les événements de l'histoire, précisez si les phrases suivantes sont vraies (V) ou fausses (F). Si la phrase est fausse, corrigez-la, mais, pour ce faire, ne vous contentez pas de mettre une phrase affirmative au négatif ou vice-versa! Changez le vocabulaire de la phrase pour en changer le sens, selon le modèle.

	V	F
Modèle: Frédéric s'est montré très calme pendant le repas.	_____	__X__

*Frédéric s'est montré très **agité** pendant le repas.*

	V	F
1. De retour de son voyage, Frédéric était joyeux et insouciant.	_____	_____
2. Frédéric se croyait fou.	_____	_____
3. Le narrateur croyait que Frédéric était fou.	_____	_____
4. La grand'mère de Frédéric est morte dans la chambre octogonale.	_____	_____
5. Frédéric a tout expliqué à son ami.	_____	_____
6. Frédéric était rentré la veille de la visite du narrateur.	_____	_____
7. Le narrateur a pu enfin voir les bêtes.	_____	_____
8. Frédéric a accusé son ami de l'avoir tué.	_____	_____

C. Imaginez-vous en reporter et interviewez un(e) camarade de classe pour pouvoir reconstituer les événements qui précèdent la mort de Frédéric. Écrivez en français un article de journal là-dessus.

D. Imaginez-vous en coroner et essayez de déterminer la cause de la mort de Frédéric en examinant les preuves qui sont en évidence dans le texte. Écrivez en français le rapport de vos observations.

E. Imaginez-vous en sceptique et essayez de prouver, en étudiant les détails du texte, que Frédéric n'est pas mort. Essayez d'en convaincre, en français, un(e) camarade de classe.

Chasse aux trésors

Pour reprendre le concept de l'octogone, cherchez dans le conte les choses suivantes et mettez-les dans l'un des compartiments de l'octogone que vous trouverez ci-dessous.

1. huit mots relatifs à la folie
2. un meuble à huit côtés
3. un multiple de 8
4. une ouverture octogonale
5. un mot de huit lettres
6. une phrase de huit mots
7. huit adjectifs utilisés pour décrire Frédéric
8. huit mots utilisés pour indiquer le nombre ou la quantité

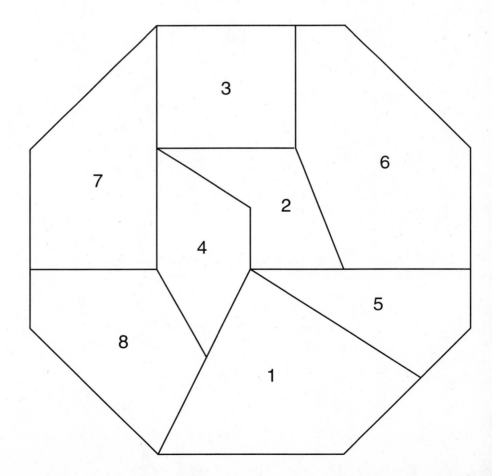

Vocabulex

A. Appariez chacun des mots qui sont à gauche sur la liste qui suit à son synonyme le plus proche en entourant la bonne lettre. N'oubliez pas de respecter les catégories grammaticales.

B. Donnez une définition de chacun des mots que vous n'avez pas choisis.

1. assailli: a. insouciant   _____

                b. affreux   _____

                c. abattu   _____

2. fou: a. dérangé   _____

                b. vieilli   _____

                c. folie   _____

3. hurler: a. jeter   _____

                b. crier   _____

                c. sangloter   _____

4. s'écrouler: a. s'agiter   _____

                b. fouiller   _____

                c. céder   _____

5. apogée: a. hublot   _____

                b. paroxysme   _____

                c. cancrelat   _____

C. Deux synonymes se ressemblent sans pourtant avoir exactement le même sens. Pour bien saisir les nuances qui différencient les synonymes que vous venez de trouver, écrivez d'abord, dans la partie «b» le synonyme du mot dans la partie «a». Donnez ensuite, pour chaque mot, une définition qui montre bien les traits particuliers qui le distinguent de son synonyme.

1. a. assailli   _____

    b. _____   _____

2. a. fou   _____

    b. _____   _____

3. a. hurler   _____

    b. _____   _____

4. a. s'écrouler   _____

    b. _____   _____

5. a. apogée   _____

    b. _____   _____

De temps en temps

A.   L'intrigue de _La chambre octogonale_, ses personnages et ses thèmes sont intéressants parce qu'ils arrivent à nous en rappeler d'autres, de plus familiers, de plus abordables. Pour voir combien et comment _La chambre octogonale_ nous appartient déjà, essayez de relier une phrase que vous avez trouvée dans le conte à chacune des bandes dessinées suivantes. N'oubliez pas qu'il y a beaucoup d'interprétations possibles et qu'une seule phrase du texte pourrait convenir à plus d'une bande ou même à deux bandes de suite.

_____

_____

B. Après avoir apparié les phrases aux bandes dessinées, esquissez la ligne du temps du conte en choisissant cinq phrases qui représentent l'action, par opposition à l'arrière-fond, du conte et copiez-les, dans l'ordre chronologique, dans les blancs qui suivent.

1. _____

2. _____

3. _____

4. _____

5. _____

Autrement dit

Formez des groupes de trois ou quatre personnes pour discuter en français les questions suivantes.

1. Quelle est la signification du titre, *La chambre octogonale*?
2. Frédéric dit à son ami que les bêtes le poursuivent depuis son départ d'Afrique. Pourquoi l'Afrique? Quelles images sont évoquées par l'Afrique? Quelles religions? Quels préjugés?
3. Êtes-vous d'accord avec Frédéric lorsqu'il crie à son ami: «Tu le regretteras! Tu seras responsable de ma mort! Tu seras mon assassin! Si tu ouvres cette porte, tu me tues!»?
4. Essayez de répondre à la question de l'ami de Frédéric lorsqu'il demande: «Mais qui, elles? Que sont-elles?».

Composons!

Écrivez, en français, une dissertation de 500 mots sur un des sujets suivants.

1. Écrivez un chapitre précédent dans la vie des deux personnages en y incluant des événements qui aideraient à expliquer les événements bizarres de *La chambre octogonale*.
2. Écrivez une suite et une fin à *La chambre octogonale*.

See *Autrement dit*, Question 4 above.

3. Inventez en détail, d'après les indications données par Frédéric et par son ami, une description des «choses» qui poursuivent Frédéric.

5

L'homme aux yeux lumineux

Jean Ferguson CANADA

Né en 1939 dans la réserve indienne de Restigouche, en Gaspésie, Jean Ferguson y a passé ses premières années. Il est parti, à l'âge de 10 ans, pour le Brésil où il a découvert la vie et la culture des Indiens de l'Amérique du Sud. Après son retour au Canada, il a étudié la littérature québécoise et a commencé à écrire des romans, des essais et des pièces de théâtre. Son essai, *Les humanoïdes*, a gagné, en 1978, un prix au Festival du livre de Nice.

L'homme aux yeux lumineux, publié dans *Contes ardents du pays mauve* [1974], est un conte fantastique qui nous pose plusieurs questions troublantes: Qui est cet «homme aux yeux lumineux»? D'où vient-il? Que vient-il faire? Pourquoi? C'est à vous de décider.

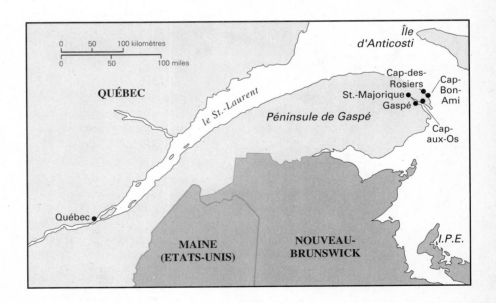

Avant tout

Vocabulex

Reliez les mots suivants à la partie de la voiture qu'ils représentent.

1. phare *(nm)*
2. pneu *(nm)*
3. rétroviseur *(nm)*
4. vitre *(nf)*
5. aiguille *(nf)*
6. volant *(nm)*
7. accélérateur *(nm)*
8. indicateur *(nm)* de vitesse *(nf)*
9. frein *(nm)*

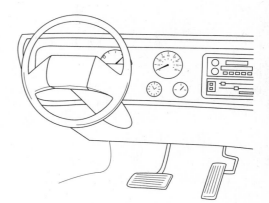

Idéogrammes

Tracez une carte sémantique pour illustrer chacun des thèmes suivants. (Vous trouverez à la page 8 le modèle d'une carte sémantique.)

1. La peur
2. La lumière
3. La vision
4. La route

Vocabulex

In-quiétude, dé-couragement, sur-excitation; les pré-fixes dé-finissent et dé-limitent le champ affectif de *L'homme aux yeux lumineux.*

A. Isolez d'abord les préfixes des mots que vous trouverez ci-dessous. Copiez chaque préfixe différent dans un blanc et donnez son équivalent anglais.

Modèle: dé-couragement   1. _*dé*_   _*dis*_

désagréable

désespéré

impossible

s'immobiliser

inconnu

inconscient

inquiétude

intolérable

inutile

malheureux

réaction

surexcitation

1. _____ _____   3. _____ _____   5. _____ _____

2. _____ _____   4. _____ _____   6. _____ _____

B. Les préfixes que vous avez trouvés ont-ils pour la plupart un sens positif ou négatif? Quel sens de l'atmosphère du conte ces préfixes vous donnent-ils? Quelle aurait été votre impression de l'atmosphère du conte si l'auteur avait utilisé les mots ci-dessus sans leur préfixe? Expliquez brièvement votre réponse.

Dans le milieu

Le deuxième paragraphe du conte n'est, à première vue, qu'une longue parenthèse qui n'ajoute rien au développement du récit et qui ne fait, en effet, que le délayer. Si, pourtant, on l'étudie de plus près en cherchant sa portée culturelle plutôt que narrative, on le trouve riche en références qui feront écho au cours du récit et qui révèlent la provenance de son auteur.

A.   Pour étudier la mesure dans laquelle la culture des provinces de l'est du Canada est fondamentale dans cette histoire, soulignez d'abord, dans les phrases suivantes, tirées du deuxième paragraphe du conte, tous les mots qui vous rappellent la culture maritime.

> «Combien de fois n'ai-je pas entendu les gens raconter des histoires de navires qui apparaissaient et disparaissaient dans la brume, des navires d'anciens temps avec des mâts et des équipages de pirates. À Cap-des-Rosiers, un vieux loup de mer m'a affirmé qu'il voyait au fond de l'eau près du rivage un trésor que personne ne pouvait remonter.»

B.   Pour bien comprendre l'importance de ces références maritimes dans le déroulement du conte, travaillez avec un(e) camarade de classe pour remplir le questionnaire à choix multiple que vous trouverez ci-dessous.

Diriez-vous, d'après les indications données dans l'extrait du conte que vous avez lu, que...

1. *L'homme aux yeux lumineux* sera:
   a. une aventure.
   b. un document historique.

2. le narrateur sera:
   a. crédule.
   b. sceptique.
   c. stable.
   d. peu fiable.

3. les événements du récit seront:
   a. réalistes.
   b. fantastiques.

4. l'atmosphère du conte sera:
   a. calme.
   b. périlleuse.

C. Justifiez vos réponses.

Autrement dit

Formez des groupes de trois ou quatre personnes pour discuter en français les sujets suivants. Avant de commencer, améliorez vos connaissances en vocabulaire en faisant l'exercice suivant.

A. Vous trouverez ci-dessous dix mots apparentés qui vous seront peut-être utiles au cours de votre discussion. Assurez-vous d'avoir bien compris le sens de ces mots en écrivant dans le blanc l'équivalent anglais de chaque mot.

1. acte *(nm)* _____
2. affecter *(vt)* _____
3. agité *(a)* _____
4. climat *(nm)* _____
5. détresse *(nf)* _____
6. menaçant *(a)* _____
7. phénomène *(nm)* _____
8. risquer *(vt)* _____
9. tempête *(nf)* _____
10. tempétueux *(a)* _____

B. Au cours de votre discussion, remplissez les blancs suivants en notant dix mots français que vous aurez appris en discutant, ainsi que l'équivalent anglais de chaque mot. Référez-vous aussi à ces listes en faisant votre essai à la fin du chapitre (p. 90).

1. _____   _____
2. _____   _____
3. _____   _____
4. _____   _____
5. _____   _____
6. _____   _____
7. _____   _____
8. _____   _____
9. _____   _____
10. _____   _____

C. Formez maintenant vos groupes de trois ou quatre personnes et discutez en français les questions suivantes. Comparez ensuite vos réponses à celles des autres étudiant(e)s dans la classe. Êtes-vous d'accord?

1. Décrivez une expérience surnaturelle que vous avez lue ou vécue.
2. Croyez-vous que l'heure, le temps et la saison contribuent à l'atmosphère d'un conte? Pourquoi et comment?
3. Quelles sont, selon vous, les caractéristiques d'une conduite bizarre? Toute conduite bizarre est-elle dangereuse?
4. D'après les mots de vocabulaire ci-dessous, comment imaginez-vous le récit?

accident *(nm)*
aventure *(nf)*
brume *(nf)*
crainte *(nf)*
danger *(nm)*
illusion *(nf)*
malheur *(nm)*
nuit *(nf)*
ombre *(nf)*

De grand style

Le thème du «pouvoir» est très important dans *L'homme aux yeux lumineux.* Dans les phrases ci-dessous, vous trouverez des incidences du nom et du verbe «pouvoir», du nom «puissance», de l'adverbe «peut-être» et des adjectifs «possible» et «impossible».

Mettez d'abord, à la fin de chaque citation, la notation «P», pour le pouvoir ou «I», pour l'impossibilité.

1. «Lorsque je fus parvenu à bonne distance, je ne pus résister à la tentation de jeter un regard oblique dans mon rétroviseur afin de me rendre compte si l'homme était toujours à la même place.»

2. «À Cap-des-Rosiers, un vieux loup de mer m'a affirmé qu'il voyait au fond de l'eau près du rivage un trésor que personne ne pouvait remonter.»

3. «Assez perplexe, je me demandais avec, à la fois, un sentiment d'inquiétude et de soulagement où il avait bien pu aller. De toute façon, il avait pu disparaître n'importe où puisqu'il faisait presque nuit.»

4. «Conduire vite dans la nuit donne une sensation de puissance.»

5. «Cependant comme la première fois, je ne pus distinguer un seul trait de son visage.»

6. «Peut-être avais-je rêvé?»

7. «Peut-être ne faisais-je qu'obéir à un besoin de bouger, de changer d'endroit.»

8. «J'envisageais plusieurs possibilités pour me sortir de ma pénible situation, mais aucune ne me sembla satisfaisante.»

9. «Le paysage autour de moi restait le même en autant qu'il m'était possible de le juger dans la nuit: il n'y avait que le ruban sombre de l'asphalte qui se déroulait vivement sous le véhicule.»

10. «Il avait durement capoté et je me demandais par quel miracle, j'avais pu m'en tirer.»

11. «Je ne pus m'empêcher de jeter un coup d'œil par la vitre arrière et avant de sombrer définitivement dans l'inconscience, j'eus le temps d'apercevoir à l'orée de la forêt deux yeux lumineux qui m'épiaient.»

L'homme aux yeux lumineux

Il y a des jours où je me demande si tout ce qui existe autour de moi n'est pas une illusion cruelle. Et je vous assure que je suis bien placé pour me poser une telle question. Mais il faudrait peut-être que je commence par le début mon invraisemblable° histoire. *improbable*

À l'époque où se passa l'événement étrange que je vais raconter, je remplissais la fonction d'instituteur et je demeurais dans une pension de famille dans la petite ville maritime de Gaspé. Ce coin du Québec est particulièrement attrayant°, mais ce que l'on sait peut-être moins, c'est qu'à *attractive* plus d'un point de vue, il y règne cette atmosphère digne de servir de cadre° à l'aventure merveilleuse de Tristan et Iseult. Incomparables *setting* paysages ressemblant à ceux de Bretagne, même air de mystère et mêmes récits venus tout droit de la mer. Combien de fois n'ai-je pas entendu les gens raconter des histoires de navires° qui apparaissaient et disparaissaient *ships* dans la brume°, des navires d'anciens temps avec des mâts et des *fog* équipages de pirates. À Cap-des-Rosiers, un vieux loup de mer° m'a affir- *seadog* mé qu'il voyait au fond de l'eau près du rivage° un trésor que personne ne *shore* pouvait remonter. À Cap Bon-Ami, des chaînes grossières supposément espagnoles reposent dans le fond de l'océan sur les galets° et on les aperçoit par beau temps. Ceux qui s'essaient à les tirer en surface ont un malheur dans le cours de l'année. À ce même endroit aussi, on parle encore de cet espion° allemand qui, du haut de la falaise°, faisait des signaux aux sous-marins pour qu'ils viennent couler° les navires de ravitaillement° en route vers l'Europe. On vous montrera même la cabane où il a vécu.

     Cette année-là, je traversais une période très malheureuse de ma vie. Des difficultés de toutes sortes m'avaient conduit au bord du découragement et du suicide. Mon état d'esprit était tel que je craignais° la folie. C'est alors, à cette occasion précise, que l'insolite° se glissa° dans mon existence.

     Novembre faisait frissonner° les branches squelettiques de la rue. Étrange impression que me donna ce sournois° vent d'automne. J'étais sorti prendre l'air. Puis, sans raison aucune, mes yeux se fixèrent sur l'autre côté de la rue où je vis dans l'ombre un homme qui me regardait sans bouger. Chose étrange, je remarquai que la lumière de la rue tombait sur lui et semblait se concentrer dans ses yeux. Ma première réaction fut celle du scepticisme, mais pourtant un frisson me glaça le sang dans les veines. Il y avait quoi. Se sentir observé par un être que l'on n'a jamais vu n'est pas une chose rassurante. Je fus à ce point impressionné que je n'eus même pas la pensée de m'approcher et de l'interpeller°. Il ne fit pas non plus geste vers moi.

     Je renonçai aussitôt à la promenade à pied que j'avais projetée et je montai dans ma voiture avec l'intention bien arrêtée° d'échapper° au sentiment d'angoisse qui venait de me saisir. Je mis en marche et dans mon désarroi, j'oubliai complètement d'allumer les phares° avant. Lorsque je fus parvenu° à bonne distance, je ne pus résister à la tentation de jeter un regard oblique dans mon rétroviseur° afin de me rendre compte si l'homme était toujours à la même place. Je voyais, grâce aux lumières de la rue, assez distinctement l'endroit où il s'était tenu. Il n'y avait plus personne. Assez perplexe, je me demandai avec, à la fois, un sentiment d'inquiétude et de soulagement° où il avait bien pu aller. De toute façon, il avait pu disparaître n'importe où puisqu'il faisait presque nuit. Cette dernière constatation° me rassura complètement et je continuai de rouler sur la route déserte qui va de Gaspé à Saint-Majorique, un petit village de la côte. J'avais besoin de me détendre° les nerfs et je roulais à vive allure°. Conduire vite dans la nuit donne une sensation de puissance. Je ne tardai pas à oublier ou plutôt à chasser de mon esprit ce qui venait de m'arriver.

     J'allais prendre une longue courbe quand, soudain, mon attention fut attirée° par un auto-stoppeur°. Il m'arrivait souvent de prendre à mon bord des étudiants, car je connaissais bien les gens de la région et je n'avais aucune crainte° à les faire monter. La plupart du temps, il s'agissait de jeunes gens qui allaient d'un village à l'autre, venant de Gaspé, la ville centrale. Même à la tombée de la nuit, cela arrivait souvent. Je ralentis donc dans l'intention de m'arrêter, lorsqu'un bref examen de l'individu me fit dresser° les cheveux sur la tête. Il s'agissait exactement du même homme

---

pebbles

spy / cliff
couler: *to sink / supply*

craindre: *to fear*
weirdness / se glisser:
  to slip / frissonner: *to*
  shiver / shifty

interpeller: *to question*

firm / échapper: *to escape*

headlights
parvenir: *to reach*
rearview mirror

relief

observation

se détendre: *to relax /*
  speed

attracted / hitch-hiker

fear

dresser: *to stand on end*

que j'avais vu sous la lumière de la rue en sortant de chez moi! Le cœur me battit à tout rompre et parvenu à sa hauteur°, au lieu de m'arrêter, j'accélérai subitement. J'eus malheureusement le temps de voir ses yeux. Si je n'avais pas peur de passer pour un fou, je dirais que leurs rayons luminescents balayaient° la nuit comme les lueurs° d'un phare. À un moment donné, j'eus même l'impression désagréable qu'un mince faisceau° lumineux venu de cet homme me balayait la nuque°. Cependant, comme la première fois, je ne pus distinguer un seul trait de son visage.

height

balayer: to sweep / glimmers / beam
nape of the neck

Il se passa un laps de temps assez long avant que j'aie la présence d'esprit de ralentir. Je m'aperçus alors que l'aiguille° du compteur de vitesse marquait quatre-vingts milles à l'heure. J'étais en troisième et le moteur commençait à donner des signes de fatigue. Ma peur avait été si grande que j'avais complètement oublié de passer en quatrième.

needle

Pourtant, je parvins à me ressaisir° à la hauteur de Cap-aux-Os. Quelques lumières brillaient encore dans de rares maisons. Je me sentais toujours sous l'emprise° d'une angoisse atroce et j'aurais donné cher pour me trouver dans mon lit. Un chat qui traversait la route me fit sursauter violemment. Je me demandai avec inquiétude si les événements survenus° au cours des derniers mois n'avaient pas réussi à me rendre complètement fou. Je m'aperçus que, sous l'effet de la fièvre et de la peur, mes dents claquaient.

se ressaisir: to get a grip on oneself
in the grip

occurred

Voyant que j'arrivais au bord de la crise nerveuse, je décidai de m'arrêter. Près de la grande route, je vis une maison encore éclairée malgré l'heure tardive et je m'y dirigeai. Je frappai quelques légers coups à la porte et aussitôt une femme vint m'ouvrir. Il faut croire que mon air hagard et ma paleur lui causèrent un choc, car elle mit vivement une main devant sa bouche et eut le geste de refermer la porte. Puis, elle se ravisa°, elle demanda d'une voix blanche:

se raviser: to change one's mind

«Ah! monsieur, vous avez eu un accident?»

Je n'eus pas le temps de lui répondre, elle m'entraîna° à sa suite dans la cuisine chaude et accueillante°. Elle m'offrit un siège° et sans un mot poussa la théière sur le foyer d'un grand poêle° en fonte°. Aussitôt que le liquide fut chaud, elle m'en offrit une grande tasse qu'elle arrosa de lait.

entraîner: to lead
welcoming / seat
stove / cast iron

Je ne savais comment expliquer ma situation. Je résolus de dire simplement que j'avais failli avoir° un accident et c'était ce qui me bouleversa° tellement. Elle sembla me croire. Le thé chaud aidant, j'en vins moi-même à douter d'avoir vécu ce cauchemar°. Cela me paraissait tellement invraisemblable, tellement dénué de° sens que je me demandais si, en fin de compte, je n'avais pas été le jouet d'une hallucination. Mais j'avais beau faire, je restais persuadé que tout cela était bien arrivé. Il y avait toujours au fond de ma mémoire ce visage noyé d'ombres, percé de deux trous lumineux.

faillir avoir: to almost have / bouleverser: to upset
nightmare
devoid of

Je pris finalement congé de la femme. Elle me regarda partir sans un mot. J'étais bien aise° d'être tombé sur une personne aussi généreuse et ma crainte était maintenant presque dissipée. Néanmoins, avant de monter

être bien aise: to be delighted

dans ma voiture, je scrutai la nuit pour bien m'assurer qu'il n'y avait rien d'inquiétant. Je me sentais sans défense devant ce genre d'événements. Absolument aucun bruit ne troublait la nuit; il n'y avait non plus aucune lumière, sauf celle des étoiles. Rassuré, je me remis à douter d'avoir réellement vu un être fantastique. Peut-être avais-je rêvé? Il s'agissait sans aucun doute de deux hommes différents et qui se ressemblaient. Mon imagination enfiévrée avait fait le reste.

Il subsistait au fond de mon esprit un reste d'appréhension, mais pour la vaincre, je décidai de continuer ma route sans plus tarder. Je constate aujourd'hui que dans l'état où je me trouvais, j'aurais dû retourner au plus vite vers ma pension et me coucher au plus vite. Hélas, ce ne fut pas le cas. Quelque chose me poussait à reprendre la route en pleine nuit. Et puis, je suis persuadé que l'on n'échappe pas à son destin, quel qu'il soit. Il fallait forcément° un dénouement° à cette terrible soirée.   *inevitably / conclusion*

Je remis l'auto en marche et je me dirigeai vers une route de montagne qui relie Cap-aux-Os à Cap-des-Rosiers. Inutile de préciser que cette route est absolument déserte la nuit et qu'elle est renommée pour ses courbes dangereuses. Mais je me sentais obscurément poussé à la prendre. Peut-être ne faisais-je qu'obéir à un besoin de bouger, de changer d'endroit. Il faut admettre qu'il existe une force inconnue qui nous pousse au-devant des événements sans que nous y soyons pour quelque chose.

Le thé aidant, je me trouvais dans un état de surexcitation impossible à décrire. J'observais avec une sorte d'euphorie l'aiguille monter sur le cadran° indicateur de vitesse. Je conduisais vite, mais je me sentais très sûr de moi et je tenais le volant° d'une main de maître. Je ne pouvais pas vérifier l'heure à ma montre-bracelet, car je ne voulais pas éclairer l'intérieur du véhicule, à l'allure où j'allais, cela aurait pu être dangereux: les conducteurs témoigneront de° ce fait, lorsque l'on s'est habitué à conduire dans le noir, si brusquement une source de lumière émanant soit de l'arrière ou de l'intérieur d'une auto se produit, on est aussitôt aveuglé° et il est parfois impossible de continuer avant que la lumière ne s'éteigne°. Donc, je ne vis pas l'heure, mais je puis affirmer que je roulais depuis au moins quinze minutes quand je pris conscience que quelque chose d'inusité° se passait autour de moi.   *dial* / *steering wheel* / témoigner de: *to testify to* / *blinded* / s'éteindre: *to go out (of a light)* / *unusual*

Je ne compris pas tout d'abord de quoi il s'agissait. Mais quand après plusieurs minutes, je vis ou plutôt je compris ce qui m'arrivait réellement, mes cheveux se dressèrent à nouveau sur ma tête et je crus que le cœur allait me faire défaut°. Une intolérable nausée me saisit et ce fut, je crois, mon intense frayeur° qui me permit de surmonter tout cela. J'envisageai plusieurs possibilités pour me sortir de ma pénible° situation, mais aucune ne me sembla satisfaisante. Je finis par m'apercevoir que mes dents claquaient et que je tremblais de tous mes membres en proie à une grande frayeur. Quel étrange instinct avertit° donc l'homme quand le danger se présente à lui et l'oblige à s'agripper à la réalité? D'un mouvement saccadé°, j'appuyai° à fond sur l'accélérateur, je vis l'aiguille sauter, le moteur   faire défaut: *to fail* / *fright* / *painful* / avertir: *to warn* / *jerky* / appuyer: *to press* gronda sourdement, mais suprême horreur! je m'aperçus de ce que je savais déjà depuis quelques minutes, l'auto n'avançait pas! Le paysage autour de moi restait le même en autant qu'il° m'était possible de le juger dans la nuit: il n'y avait que le ruban sombre de l'asphalte qui se déroulait° vivement sous le véhicule. Ainsi, depuis mon départ de la maison où j'avais bu le thé, j'avais à peine couvert quelques milles! Cette constatation me jeta dans un état d'épouvante° indescriptible. Je n'arrivais plus à penser lucidement et je crus bien cette fois devenir fou. Ensuite, je parvins à me raisonner. Mais ma consternation ne fit qu'augmenter lorsque je constatai que j'appuyais toujours à fond sur l'accélérateur. La tête brûlante, je décidai que la seule chose à faire, c'était de m'arrêter. Au moment où j'allais le faire, je m'aperçus avec surprise que tout redevenait normal. La voiture grimpait° un raidillon°. Mon soulagement fut tel que je pris la décision de retourner et d'aller me reposer au plus tôt. C'est alors que quelqu'un s'élança devant moi au milieu de la route. J'appliquai brusquement les freins° et je crus un instant que j'allais perdre le contrôle. Heureusement, l'individu en question était encore à une certaine distance et je parvins à m'arrêter à quelques verges° de lui. Je le vis très nettement° dans la lumière crue° des phares et ce qui me frappa immédiatement, ce fut l'intense luminosité de ses yeux. Il avançait lentement vers moi; alors fou d'horreur, je fis bondir l'auto et je sentis un choc mou. Il y eut aussi le bruit sec de l'éclatement° d'un pneu et je perdis le contrôle du véhicule.

Je pense bien que je fus inconscient pendant quelques secondes. Je me retrouvai assis sur le bord d'un fossé° et je vis que l'auto s'immobilisait non loin de moi. J'eus toutes les difficultés du monde à me relever: une de mes jambes pendait inerte. Tant bien que mal, je me trainai jusqu'au véhicule. Ce n'était plus qu'un amas° de ferraille°. Il avait durement capoté et je me demandais par quel miracle j'avais pu m'en tirer.

J'étais sans force et la douleur de ma jambe me faisait grimacer. Je priai le ciel pour que passe une auto. Je fus aussitôt exaucé, car je vis les faisceaux lointains de phares qui balayaient la route. Je me plaçai en plein milieu de l'asphalte et je fis des signes désespérés. Une auto s'arrêta et quelqu'un m'aida à monter alors qu'une voix me demandait si j'étais seul. Je réussis à expliquer qu'il y avait un homme gravement blessé quelque part sur la route près de l'auto accidentée. Le conducteur sortit une lampe de poche de son coffre à gants° et alla examiner soigneusement les abords de la route. Il revint sans avoir rien vu. Je ne me possédais plus. J'arrachai° la lampe de poche des mains de l'homme et en claudiquant° je me précipitai° vers l'endroit où je savais avoir frappé l'individu. Il n'y avait absolument rien sur la route ni autour, sauf une large tache visqueuse. J'espérais qu'il s'agissait de sang humain, mais après y avoir plongé le doigt et l'avoir porté à ma bouche, je dus me rendre à l'évidence: il s'agissait d'huile°. Complètement brisé°, je revins vers les gens qui m'avaient secouru et en m'assoyant, j'entendis le conducteur dire aux autres que le choc m'avait brouillé° les esprits. L'auto démarra°. Je ne pus m'empêcher° de jeter un

---

en autant que: *as far as*

se dérouler: *to unwind*

terror

grimper: *to climb /*
  incline

brakes

yards / clearly

harsh

bursting

ditch

heap / scrap metal

glove compartment
arracher: *to snatch*
claudiquer: *to limp /* se
  précipiter: *to rush*

oil
broken

brouiller: *to cloud /*
  démarrer: *to take off /*
  empêcher: *to prevent /*

coup d'œil par la vitre arrière et avant de sombrer° définitivement dans l'inconscience, j'eus le temps d'apercevoir à l'orée° de la forêt deux yeux lumineux qui m'épiaient.

sombrer: *to sink* / *edge*

Après tout

Que sais-je?

A. Pour vous assurer d'avoir bien compris l'intrigue de l'histoire, répondez aux questions suivantes.

1. Quelle est la profession du narrateur?

   _____

2. Dans quelle province canadienne la ville de Gaspé et la région de la Gaspésie se trouvent-elles?

   _____

3. À quelle partie de la France la Gaspésie ressemble-t-elle?

   _____

4. Quel était l'état d'esprit du narrateur au début de son récit?

   _____

5. Quelle a été la première réaction du narrateur en voyant «l'homme aux yeux lumineux» dans la rue?

   _____

6. Quelle était l'intention du narrateur lorsqu'il s'est décidé à faire plutôt une promenade en voiture?

   _____

7. Pourquoi le narrateur n'avait-il pas peur de faire monter des auto-stoppeurs?

   _____

8. Pourquoi ne s'est-il pas arrêté pour prendre à son bord l'auto-stoppeur sur la route de Saint-Majorique?

   _____

9. Qu'est-ce que le narrateur avait oublié de faire après l'incident de l'auto-stoppeur?

   _____

10. Où s'est-il enfin arrêté?

   _____

11. Quelle a été la réaction de la femme en le voyant?

   _____

12. Qu'est-ce que la femme lui à donné à boire?

   _____

13. Pourquoi le narrateur a-t-il repris sa route au lieu de retourner vers sa pension?

   _____

14. De quoi les conducteurs témoigneront-ils à l'égard de la lumière?

   _____

15. Qu'est-ce qui a complètement bouleversé le narrateur lorsqu'il a appuyé à fond sur l'accélérateur?

   _____

16. Qu'est-ce qu'il a enfin décidé de faire pour se tirer de la situation?

   _____

17. Qu'est-ce que le narrateur a vu au milieu de la route?

_____

18. Qu'est-ce qu'il a fait pour se sauver?

_____

19. Comment s'est-il blessé?

_____

20. Qui est venu l'aider?

_____

21. Qu'est-ce qu'il y avait au milieu de la route?

_____

22. Qu'est-ce que le narrateur a vu par la vitre arrière de la voiture des gens qui l'avaient secouru?

_____

B. Numérotez les phrases suivantes dans l'ordre chronologique.

_____ Je renonçais aussitôt à la promenade à pied que j'avais projetée et je montais dans ma voiture avec l'intention bien arrêtée d'échapper au sentiment d'angoisse qui venait de me saisir.

_____ J'allais prendre une longue courbe quand, soudain, mon attention fut attirée par un auto-stoppeur.

_____ Voyant que j'arrivais au bord de la crise nerveuse, je décidais de m'arrêter. Près de la grande route, je vis une maison encore éclairée malgré l'heure tardive et je m'y dirigeais.

_____ J'étais sorti prendre de l'air.

_____ Mais il faudrait peut-être que je commence par le début mon invraisemblable histoire.

_____ Il avançait lentement vers moi; alors fou d'horreur, je fis bondir l'auto et je sentis un choc mou.

_____ Donc, je ne vis pas l'heure, mais je puis affirmer que je roulais depuis au moins quinze minutes quand je pris conscience que quelque chose d'inusité se passait autour de moi.

_____ Mon état d'esprit était tel que je craignais la folie. C'est alors, à cette occasion précise, que l'insolite se glissa dans mon existence.

_____ Je me plaçais en plein milieu de l'asphalte et je fis des signes désespérés.

_____ Mon soulagement fut tel que je pris la décision de retourner et d'aller me reposer au plus tôt. C'est alors que quelqu'un s'élança devant moi au milieu de la route.

Chasse aux trésors

Tracez, sur la carte de la Gaspésie à la page 73, la route du narrateur le soir de son accident.

De temps en temps

A. Pour mieux comprendre la concordance des temps dans *L'homme aux yeux lumineux*, dessinez, pour chacune des phrases suivantes, une ligne du temps sur laquelle vous tracerez point par point les verbes.

Modèle:

D'un mouvement saccadé, j'appuyais à fond sur l'accélérateur, je vis l'aiguille sauter, le moteur gronda sourdement, mais suprême horreur! je m'aperçus de ce que je savais déjà depuis quelques minutes, l'auto n'avançait pas!

je savais
l'auto n'avançait pas

j'appuyais   je vis   le moteur gronda   je m'aperçus

———X——————————X—————————X——————————X———

1. Rassuré, je me remis à douter d'avoir réellement vu un être fantastique.

   _____

2. Je fus à ce point impressionné que je n'eus même pas la pensée de m'approcher et de l'interpeller.

   _____

3. Le cœur me battit à tout rompre et parvenu à sa hauteur, au lieu de m'arrêter, j'accélérais subitement.

_____

4. Je ne tardais pas à oublier ou plutôt à chasser de mon esprit ce qui venait de m'arriver.

_____

5. Mais j'avais beau faire, je restais persuadé que tout cela était bien arrivé.

_____

6. Je renonçais aussitôt à la promenade à pied que j'avais projetée et je montais dans ma voiture avec l'intention bien arrêtée d'échapper au sentiment d'angoisse qui venait de me saisir.

_____

7. Je constate aujourd'hui que dans l'état où je me trouvais, j'aurais dû retourner au plus vite vers ma pension et me coucher au plus vite.

_____

8. Je n'arrivais plus à penser lucidement et je crus bien cette fois devenir fou.

_____

9. Il avait durement capoté et je me demandais par quel miracle, j'avais pu m'en tirer.

_____

10. J'espérais qu'il s'agissait de sang humain, mais après y avoir plongé le doigt et l'avoir porté à ma bouche, je dus me rendre à l'évidence: il s'agissait d'huile.

_____

B. Après avoir lu les phrases ci-dessus, formez des groupes de trois ou quatre personnes pour essayer de déterminer l'état d'esprit du narrateur. Référez-vous aux questions suivantes pour vous aider à guider votre discussion.

1. Diriez-vous que le point de vue du narrateur est stable?
2. Est-ce que le narrateur se contente de raconter son histoire ou en fait-il aussi le commentaire?
3. Les émotions du narrateur arrivent-elles à brouiller les événements de son histoire ou en sont-elles le résultat?
4. La perspective changeante du narrateur influence-t-elle le jugement du lecteur? Pourquoi et comment?
5. Croyez-vous que la complexité temporelle des phrases du narrateur reflète son état d'esprit? Comment?

You can sometimes guess the meaning of a word by connecting it to another word that you already know belonging to the same word family.

Vocabulex

Remplissez, dans le tableau ci-dessous, les blancs marqués d'un astérisque par un mot de la même famille que le(s) mot(s) donné(s).

Nom	Verbe	Adjectif	Adverbe
Accident		Accidenté	
Conducteur	*		
*		Inconnu	
Constatation	Constater		
Crainte	*		
Décision	*		
Être	Être		
Fièvre		*	
*		Fou	
Frisson	Frissonner		
Impression		*	
Malheur		Malheureux	*
Départ	Partir		
Pensée	Penser		
Puissance	Pouvoir	Impossible	
Sentiment	Sentir		
Tombée	Tomber		
		*	Vivement
Vitesse		*	

Autrement dit

Formez des groupes de trois ou quatre personnes pour discuter en français les sujets suivants.

A. Consultez vos réponses à la question B de l'exercice de prélecture à la page 76 et expliquez comment et dans quelle mesure le déroulement du récit se compare à ce que vous aviez imaginé avant de l'avoir lu.

B. Les convictions du narrateur l'auraient-elles poussé à se tromper de voie? Qu'en pensez-vous? C'est vous le jury!

Étudiez le témoignage du narrateur tel que le représentent les citations ci-dessous, mais allez-vous vous y fier? Reportez-vous aussi au récit!

1. Je constate aujourd'hui que dans l'état où je me trouvais, j'aurais dû retourner au plus vite vers ma pension et me coucher au plus vite. Hélas, ce ne fut pas le cas. Quelque chose me poussait à reprendre la route en pleine nuit.
2. Inutile de préciser que cette route est absolument déserte la nuit et qu'elle est renommée pour ses courbes dangereuses. Mais je me sentais obscurément poussé à la prendre.
3. Il faut admettre qu'il existe une force inconnue qui nous pousse au-devant des événements sans que nous y soyons pour quelque chose.

C. Si les convictions du narrateur l'ont poussé à se tromper de voie, votez «oui»; si les convictions du narrateur n'étaient pas à l'origine de ses problèmes et que le narrateur était ainsi conscient et responsable de ses propres décisions, votez «non». Expliquez votre choix.

Composons!

Écrivez en français une dissertation de 500 mots sur un des sujets suivants:

1. Comment le narrateur essaie-t-il de convaincre le lecteur de l'existence de «l'homme aux yeux lumineux»?
2. Quel rôle l'état d'esprit du narrateur joue-t-il dans le déroulement du récit?
3. Relevez et discutez l'importance du vocabulaire de l'illusion dans le récit.
4. Écrivez une suite au récit en essayant d'imiter le style de l'auteur.

See *De temps de temps*, Activité B, on page 88.

See *Autrement dit*, Activité C, Question 4, on page 78.

See *Vocabulex*, Activités A + B, on page 75; *De grand style* on page 78.

6 *Les portes*

Simone Collet

SUISSE

Suisse d'origine et poète de son métier, Simone Collet, née en 1948, s'engage depuis les années 60 dans l'expression artistique de ses convictions.

Collet nous offre, dans *Les portes*, une tentative de comprendre la perte insensée d'une vie humaine en temps de guerre. C'est l'histoire de Christine, qui meurt, et de Claude, qui ne lui survit que pour vivre avec un ennemi qu'il n'avait pas reconnu à temps.

Avant tout

Dans le milieu

1. Regardez l'image à la page 91. Vous verrez devant vous trois portes.
2. Mettez-vous d'accord avec votre partenaire pour choisir l'une des trois portes.
3. a. Si vous choisissez la première porte, allez à la question n° 4.
   b. Si vous choisissez la deuxième porte, allez à la question n° 6.
   c. Si vous choisissez la troisième porte, allez à la question n° 7.
4. Vous avez trop tardé. La première porte est fermée à clef. Si vous choisissez d'y rester quand même, allez à la question n° 5. Si vous décidez d'essayer la deuxième porte, allez à la question n° 6.
5. Vous auriez dû réagir. Vous n'avez d'autre choix que d'y attendre l'arrivée du feu. Si vous voulez apprendre aussi le sort de Claude et de Christine, allez à la page 96 et lisez *Les portes*.
6. La deuxième porte est en train de se fermer. Si vous décidez d'essayer d'y entrer tous (toutes) les deux, allez à la question n° 7. Si vous décidez de vous séparer pour tenter tout(e) seul(e) votre chance, allez à la question n° 8.
7. Vous auriez dû vous séparer. Il ne reste de la place que pour une seule personne. Vous devrez tous (toutes) les deux rester dehors pour attendre l'arrivée du feu. Si vous voulez savoir si votre sort est aussi celui de Claude et de Christine, allez à la page 96 et lisez *Les portes*.
8. Vous avez bien choisi. Si vous étiez resté(e)s ensemble, vous seriez tous (toutes) les deux perdu(e)s. Mais vous avez un peu trop tardé quand même. L'un(e) d'entre vous réussit à entrer par la porte, mais l'autre se trouve dehors, devant une porte qui est maintenant hermétiquement fermée. Si vous voulez savoir ce qui va vous arriver, allez à la page 96 et lisez *Les portes*.

Vocabulex

A. Appariez chacun des mots de la première liste à son synonyme dans la deuxième liste.

1. angoisse *(nf)*   aigu *(a)*
2. clos *(a)*   aimable *(a)*

3. coup *(nm)*	cave *(nf)*
4. courtois *(a)*	fermé *(a)*
5. figure *(nf)*	gifle *(nf)*
6. larme *(nf)*	épouvante *(nf)*
7. se ruer *(vp)*	essayer *(vt)*
8. sous-sol *(nm)*	pleur *(nm)*
9. strident *(a)*	se précipiter *(vp)*
10. tenter *(vt)*	visage *(nm)*

B. Trouvez, pour chaque mot français ci-dessous, un mot apparenté anglais de la même catégorie grammaticale.

1. aimable   _____

2. cesser   _____

3. brusquement   _____

4. clos   _____

5. se dégager   _____

6. fixement   _____

7. hermétique   _____

8. immobiliser   _____

9. interrompre   _____

10. prisonnier   _____

Before scanning a text, look for words which express aspects of a certain theme, and look up the key word for that theme in a good French or English dictionary, or thesaurus. The dictionary entry for the key word may suggest, for that theme, other words or related ideas which you may not have thought of and which you can watch for as you scan the text.

Idéogramme

Dessinez une carte sémantique pour illustrer chacun des thèmes suivants. Vous trouverez à la page 8 le modèle d'une carte sémantique.

1. le feu
2. l'immeuble
3. la peur

Dans le milieu

Vous trouverez ci-dessous cinq listes de mots tirés du conte que vous allez lire. Lisez chaque liste et soulignez, pour chaque question, la bonne réponse.

1. ennemi   prisonnier   sirène
   Les portes sera une histoire d'(e):
   a. amour.
   b. aventure.
   c. guerre.

2. ascenseur   escalier   couloir
   L'histoire se passe dans:
   a. un appartement.
   b. un immeuble.
   c. une maison.

3. ami   locataire   voisin
   Les personnages du conte:
   a. se connaissent un peu.
   b. se connaissent bien.
   c. ne se connaissent pas.

4. courir   se précipiter   se ruer
   L'atmosphère du conte sera:
   a. calme.
   b. insouciante.
   c. mouvementée.

5. impuissance   inexorable   vainement
   La fin du conte sera:
   a. heureuse.
   b. malheureuse.
   c. peu concluante.

De grand style

A. L'intrigue de ce conte est centrée sur l'impuissance de ses héros devant leurs ennemis humains, mécaniques et naturels. Soulignez dans chaque phrase le(s) mot(s) qui exprime(nt) le thème de l'impuissance.

Modèle:

Comme ils habitaient sous les combles, ils n'arrivaient qu'à présent, ayant <u>vainement</u> <u>tenté</u> de prendre l'ascenseur, <u>bloqué</u> au quatrième.

1. Mais Claude s'était rué sur la porte et tentait de l'ouvrir.
2. Il essaya vainement de se dégager.
3. — Christine, cria-t-il, je ne peux pas t'ouvrir, cours à la troisième porte, vite, vite...

4. — Ils n'ont pas voulu m'ouvrir, dit-elle simplement.
5. Elle frappait contre cette porte inexorable, folle d'impuissance et d'angoisse.

B. Une seule phrase, «Mais il n'y avait plus rien à faire.», exprime la victoire de l'inévitable sur les deux personnages principaux, Claude et Christine. Basant votre réponse sur cette phrase et sur les cinq phrases ci-dessus que vous venez d'étudier, qui ou qu'est-ce qui serait, selon vous, l'ennemi le plus dangereux de Christine et de Claude?

Autrement dit

Formez des groupes de trois ou quatre personnes pour discuter en français les sujets suivants. Avant de commencer, améliorez vos connaissances en vocabulaire en faisant l'exercice suivant.

A. Vous trouverez ci-dessous dix mots apparentés qui vous seront peut-être utiles au cours de votre discussion. Assurez-vous d'avoir bien compris le sens de ces mots en écrivant dans le blanc l'équivalent anglais de chaque mot.

1. communauté *(nf)* _____
2. crise *(nf)* _____
3. couardise *(nf)* _____
4. dangereux *(a)* _____
5. désastre *(nm)* _____
6. façade *(nf)* _____
7. force *(nf)* _____
8. refus *(nm)* _____
9. sauver *(vt)* _____
10. solidarité *(nf)* _____

B. Au cours de votre discussion, remplissez les blancs suivants en notant dix mots français que vous aurez appris en discutant, ainsi que l'équivalent anglais de chaque mot. Référez-vous aussi à ces listes en faisant votre essai à la fin du chapitre (p. 105).

1. _____   _____
2. _____   _____

3. _____   _____

4. _____   _____

5. _____   _____

6. _____   _____

7. _____   _____

8. _____   _____

9. _____   _____

10. _____   _____

C. Formez maintenant des groupes de trois ou quatre personnes et discutez en français les questions suivantes. Comparez ensuite vos réponses à celles des autres étudiant(e)s dans la classe. Êtes-vous d'accord?

1. Quelles sont les réactions les plus communes de l'être humain face au danger?
2. Croyez-vous qu'un état d'urgence (financière, médicale, politique, émotionnelle ou autre) suscite toujours en l'être humain les instincts les plus nobles?
3. Risqueriez-vous votre vie pour cacher un(e) voisin(e) qui serait en danger?
4. Vous conduisez-vous différemment en famille, entre amis et en société? De quelle façon?

Les portes

La sirène cessa de hululer° quand la foule° des locataires° de l'immeuble, telle un troupeau° affolé°, déboucha° dans le sous-sol.

Sans même prendre le temps d'allumer la lumière, les femmes traînèrent° leurs enfants vers les caves et les hommes, les yeux hagards, s'enfoncèrent° dans la nuit.

Puis les lourdes portes, ébranlées° par des mains fébriles°, tournèrent lentement sur leurs gonds°.

Tout à l'heure ils lisaient, dînaient ou bavardaient° joyeusement, mais le son strident de la sirène avait brusquement déchiré° leur insouciance. On leur avait appris que lorsqu'ils l'entendraient, ils n'auraient que cinq minutes pour s'enfermer dans leurs abris° plombés°, à l'épreuve du Feu°. À force de° l'entendre répéter et d'attendre, ils avaient fini par ne plus y

hululer: *to screech* / crowd / tenants / herd / panic-stricken / déboucher: *to emerge* / traîner: *to drag* / s'enfoncer: *to plunge* / rattled / feverish / hinges bavarder: *to chat* déchirer: *to pierce*

shelters / lined with lead / à l'épreuve du Feu:

croire et maintenant voilà, l'affreux bruit les avait jetés dans leurs caves, la gorge sèche d'épouvante° et la sueur° aux aisselles°.

    À leur tour, Claude et Christine dévalèrent° l'escalier. Comme ils habitaient sous les combles°, ils n'arrivaient qu'à présent, ayant vainement tenté de prendre l'ascenseur, bloqué au quatrième.

fireproof / à force de: *by virtue of* / *terror* / *sweat* / *armpits* / dévaler: *to hurtle down* / sous les combles: *in a garret*

    Ils virent devant eux les trois couloirs obscurs, hésitèrent, puis, au bruit venant du premier, s'y précipitèrent°. Mais, dans la nuit, ils se jetèrent en plein contre la porte déjà close.

se précipiter: *to hurry*

— Ouvrez, cria Claude.

— Non, non, c'est fini, répondit une voix d'homme étouffée°, allez à coté.   *muffled*

Sans perdre de temps, Claude et Christine firent volte-face° et coururent au second couloir. À la pâle clarté d'un soupirail°, ils aperçurent la porte, en train de se fermer.   *faire volte-face: to turn around / basement window*

Ils se précipitèrent. On les bouscula°.   *bousculer: to jostle*

Sans savoir comment, Claude se retrouva à l'intérieur avec un petit groupe de gens. Quelqu'un alluma une torche électrique et, à sa lumière vacillante°, Claude reconnut quelques visages qu'il avait quelquefois croisés° dans l'immeuble. Mais il ne vit pas la délicate figure de Christine.   *flickering / croiser: to pass*

La porte était refermée, hermétique.

— Christine, où est Christine? s'écria Claude.

Les autres le regardèrent et ne répondirent pas.

— Elle est restée dehors, ouvrez la porte, ordonna-t-il.

— Ah non, fit une femme, la voix aiguë. Et Claude reconnut l'aimable veuve° du quatrième, mais son visage avait perdu toute douceur. «On est déjà assez comme ça. On n'aurait pas dû vous prendre.»   *widow*

Mais Claude s'était rué sur la porte et tentait de l'ouvrir.

— Claude, ouvre-moi, le Feu va arriver, appelait la voix affolée de Christine, de l'autre côté de la porte de plomb.

Deux hommes saisirent Claude et l'immobilisèrent.

Il essaya vainement de se dégager°.   *se dégager: to get away*

— Christine, cria-t-il, je ne peux pas t'ouvrir, cours à la troisième porte, vite, vite...

Il entendit fuir ses pas précipités. Des larmes de rage gonflèrent° ses paupières°. Les hommes le lâchèrent°. C'étaient l'employé de bureau du second et le mécano° du studio l2, d'excellents voisins avec lesquels il avait toujours eu des rapports courtois. Mais maintenant ils le regardaient comme un ennemi et Claude les haïssait°.   *gonfler: to puff up / eyelids / lâcher: to let go / mechanic / haïr: to hate*

Après s'être plusieurs fois cognée° dans sa course°, Christine parvint enfin à la troisième porte.   *se cogner: to bang into things / flight*

Elle était fermée.

— Ouvrez, je suis seule, cria-t-elle dans la nuit.

Personne ne répondit.

Elle devina qu'ils retenaient leur souffle, pour ne pas lui répondre. Un enfant se mit à pleurer, ce devait être Jean-Luc, le petit galopin° à qui elle distribuait chaque jour une ration de bonbons. Elle entendit le bruit d'une gifle°. L'enfant cessa ses pleurs et n'eut plus que quelques reniflements° furtifs.   *ragamuffin / smack / sniffles*

Christine pensa brusquement que, peut-être, son amie Marylène était là. Il était possible que les autres lui laissent ouvrir la porte.

— Marylène, tu es là? C'est moi, Christine, je t'en supplie, ouvre-moi.

Silence. Marylène était probablement restée en ville. Qu'était-elle devenue à présent?

Alors Christine revint vers la porte qui retenait Claude prisonnier.

— Ils n'ont pas voulu m'ouvrir, dit-elle simplement.

— Attends, lui répondit la voix angoissée de Claude.

Avant qu'on ait pu le retenir, il se jeta sur la porte, souleva° le battant°. Des femmes se mirent à crier. La lumière s'éteignit°. Il sentit qu'on l'empoignait° brutalement, puis reçut un coup tel qu'il perdit conscience.

— Je l'ai eu, annonça le mécano, haletant°. Quel salaud, si je ne l'avais pas retenu, il ouvrait, on aurait tous crevé°...

Des coups sourds°, frappés contre la porte, l'interrompirent. Christine avait tout entendu. Elle frappait contre cette porte inexorable, folle d'impuissance et d'angoisse.

— Allez-vous-en, cria la femme à la voix aiguë. Allez pleurnicher° ailleurs, vous nous avez causé assez d'ennuis, votre homme et vous.

Elle s'enrageait, sa voix montait.

— On n'a pas de provisions, plus de lumière, plus...

Elle s'étrangla°.

— Fermez-la, lui cria le mécano, taisez-vous ou je vous... On ne va pas tous devenir fous, non?

Mais, à la respiration saccadée° des autres, il comprit qu'il s'en faudrait désormais de peu pour que la panique les jette les uns contre les autres.

— Le Feu, le Feu... balbutia Christine.

Elle ne le voyait pas encore, mais elle le sentait, il approchait, elle en était sûre, tout de suite il serait là.

Mais il n'y avait plus rien à faire.

Elle s'assit devant la porte et le froid du métal sur sa nuque la fit frissonner. Elle pensa que dehors il faisait bon, qu'on était en avril et il lui sembla qu'elle n'avait plus vu le soleil depuis très longtemps.

Silencieuse, elle regarda fixement dans la nuit, du côté de l'escalier.

Alors, il y eut un léger glissement° et le Feu apparut.

Et lentement d'abord, puis très vite, il coula° dans l'escalier.

soulever: to raise / door panel / s'éteindre: to go out / empoigner: to grab hold of / haleter: to pant / crever: (slang) to croak; to die / muffled

pleurnicher: to snivel

s'étrangler: to choke up

irregular

swoosh
couler: to flow

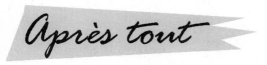

Après tout

Que sais-je?

A. Pour vous assurer d'avoir bien compris l'intrigue de l'histoire, répondez aux questions suivantes.

1. À quoi l'auteure compare-t-elle la foule?

2. Où vont les femmes et les enfants au son de la sirène?

_____

3. Où vont les hommes?

_____

4. Combien de temps les femmes et les enfants auraient-ils pour se mettre à l'abri du feu?

_____

5. Où Christine et Claude habitaient-ils?

_____

6. Combien de couloirs ont-ils vus?

_____

7. La première porte était-elle ouverte ou fermée?

_____

8. Qui a pu entrer par la deuxième porte?

_____

9. Qui a répondu à la troisième porte?

_____

10. Qu'est-ce que Claude a dit à Christine de faire?

_____

11. Pourquoi Claude a-t-il perdu conscience?

_____

12. Qui a frappé à la porte?

_____

13. Qui a dit à Christine de s'en aller?

_____

14. Où Christine s'est-elle assise?

_____

15. Qu'est-ce qui est apparu dans l'escalier?

_____

B. Identifiez les personnages suivants.

1. Christine _____

2. Claude _____

3. Jean-Luc _____

4. le mécano _____

5. Marylène _____

6. la veuve du quatrième _____

De temps en temps

A. Mettez les phrases suivantes dans l'ordre chronologique.

_____ Alors, il y eut un léger glissement et le Feu apparut.

_____ Mais il ne vit pas la délicate figure de Christine.

_____ Christine, cria-t-il, je ne peux pas t'ouvrir, cours à la troisième porte, vite, vite...

_____ Sans savoir comment, Claude se retrouva à l'intérieur avec un petit groupe de gens.

_____ Sans perdre de temps, Claude et Christine firent volte-face et coururent au second couloir.

_____ Mais il n'y avait plus rien à faire.

_____ Ils virent devant eux trois couloirs obscurs, hésitèrent, puis, au bruit venant du premier, s'y précipitèrent.

_____ Alors Christine revint vers la porte qui retenait Claude prisonnier.

_____ — Elle est restée dehors, ouvrez la porte, ordonna-t-il.

_____ Après s'être plusieurs fois cognée dans sa course, Christine parvint enfin à la troisième porte.

B. Pour comprendre dans quelle mesure l'action du conte est mise en marche par une série de verbes à l'impératif, trouvez dans le conte dix verbes à l'impératif et copiez-les, dans l'ordre chronologique, dans les blancs ci-dessous. Indiquez à droite, dans chaque cas, le nom de l'interlocuteur.

Verbe: L'impératif	Interlocuteur
1. _____	1. _____
2. _____	2. _____
3. _____	3. _____
4. _____	4. _____
5. _____	5. _____
6. _____	6. _____
7. _____	7. _____
8. _____	8. _____
9. _____	9. _____
10. _____	10. _____

C. Pour comprendre la signification de ces verbes dans le déroulement du récit, répondez aux questions suivantes.

1. Quel est le verbe le plus fréquemment employé à l'impératif? _____ Qui l'emploie?_____

2. Quels sont les deux ordres apparemment contradictoires que donne Claude à Christine?_____
_____

   Ces ordres sont-ils, en effet, contradictoires? Expliquez pourquoi ils le sont ou pourquoi ils ne le sont pas. _____
_____

3. Comment caractériseriez-vous les verbes qui restent?_____
_____

   Quelle serait, à votre avis, l'attitude des personnages qui s'exprimeraient ainsi? _____
_____

Vocabulex

A. Soulignez, dans chaque série, le mot qui appartient au même champ sémantique que le mot donné.

1. porte:
   a. gifle
   b. battant
   c. paupière

2. respiration:
   a. souffle
   b. salaud
   c. nuque

3. métal:
   a. escalier
   b. plomb
   c. gond

4. se taire:
   a. s'étrangler
   b. se ruer
   c. se cogner

5. mécano:
   a. veuve
   b. galopin
   c. employé de bureau

B. Appariez chaque substantif dans la première colonne à un verbe de la même famille dans la deuxième colonne.

Substantifs	Verbes
1. course	1. allumer
2. immeuble	2. se cogner
3. lumière	3. courir
4. pleur	4. croiser
5. rage	5. empoigner
	6. s'enrager
	7. hululer
	8. s'immobiliser
	9. pleurnicher

C. Employez chacun des verbes que vous n'avez pas choisis dans une phrase française qui en illustre le sens.

1. _____
2. _____
3. _____
4. _____

Chasse aux trésors

A. Afin de mieux voir l'interdépendance des phrases dans le conte, reliez les deux phrases de chaque série par un seul mot que vous écrivez ensuite dans le blanc marqué «Mot clé».

Modèle:

... ils n'auraient que cinq minutes pour s'enfermer dans leurs abris plombés, à l'épreuve du _____ .

Alors, il y eut un léger glissement et le _____ apparut.

Mot clé: <u>Feu</u>

1. Sans perdre de _____ , Claude et Christine firent volte-face et coururent au second couloir.

   Sans même prendre le _____ d'allumer la lumière...

   Mot clé: _____

2. Mais Claude s'était rué sur la porte et tentait de l'_____

   — Ils n'ont pas voulu m'_____ , dit-elle simplement.

   Mot clé: _____

3. Alors Christine revint vers la porte qui _____ Claude prisonnier.

   Avant qu'on ait pu le _____ , il se jeta sur la porte, souleva le battant.

   Mot clé: _____

4. À force de l'_____ répéter et d'attendre, ils avaient fini par y croire...

   Il _____ fuir ses pas précipités.

   Mot clé: _____

5. — On n'a pas de provisions, _____ de lumière,

   _____ ...

   Mais il n'y avait _____ rien à faire.

   Mot clé: _____

B. 1. Déchiffrez le mot clé formé à partir de la première lettre de chaque
mot clé ci-dessus. _____

2. Quelle est la signification thématique de ce mot?

_____

_____

Autrement dit

Formez maintenant des groupes de trois ou quatre personnes et discutez
en français les questions suivantes.

1. Pourquoi les voisins de Claude et de Christine seraient-ils devenus
   leurs ennemis dans la cave?
2. Croyez-vous que Marylène soit vraiment restée en ville? Pourquoi
   ou pourquoi pas?
3. Dans quel sens Claude était-il un prisonnier de guerre?
4. Si vous aviez été à la place de Claude, auriez-vous offert de sortir
   de l'abri afin d'y laisser entrer Christine? Pourquoi ou pourquoi
   pas?

Composons!

Écrivez en français une dissertation de 500 mots sur chacun des sujets
suivants.

Consider *Autrement dit*, Question 3, above.

See *De grand style* on page 94.

Consider *Autrement dit*, Activité C, Questions 1, 2, 4 on page 96; and *Autrement dit*, Question 1, above.

1. Discutez le thème de la guerre dans *Les portes*.
2. Dans quelle mesure Claude et Christine étaient-ils responsables de
   leur propre sort?
3. Discutez le rôle de l'émotion et de la raison dans *Les portes*.
4. Écrivez le monologue intérieur de Christine lorsqu'elle attendait le
   Feu devant la porte close.
5. Comparez les expériences de Claude et de Christine à celles d'un
   autre couple fictif dont l'amour a été jugé et condamné par la
   société.

Liens affectifs

La peur

Bien que ce soit la peur qui donne à cette section son unité thématique, il est important de noter que ces trois textes se ressemblent à bien des égards. Pour explorer un peu plus profondément ces correspondances inter-textuelles, écrivez en français une dissertation de 750 mots sur l'un des sujets suivants.

1. Discutez le rôle que jouent les portes dans *La chambre octogonale* et dans *Les portes*.
2. Bien que les trois textes de cette section traitent de la peur, leur façon de s'y prendre n'est pas du tout pareille. Étudiez la façon dont chaque texte aborde le thème de la peur.
3. C'est finalement le narrateur d'une nouvelle qui contrôle le développement du récit en choisissant et en interprétant pour le lecteur les événements à raconter. Discutez cette constatation dans le contexte de *La chambre octogonale* et de *L'homme aux yeux lumineux*.
4. Dans quelle mesure le cadre des trois textes de cette section contribue-t-il à y créer une atmosphère apeurante?
5. Discutez le jeu de l'illusion et de la réalité dans *La chambre octogonale* et dans *L'homme aux yeux lumineux*.

Courage

Courage

Courage

7 *Mafouaou*

Sylvie Bokoko

Le Grand Prix de la Nouvelle, institué par le ministre de la culture du Sénégal, a été décerné en 1981 à Sylvie Bokoko pour sa première nouvelle, *Mafouaou*. Publié en 1982 par les Nouvelles Éditions africaines [Dakar-Abidjan-Lomé], *Mafouaou* met en question certaines coutumes traditionnelles du Congo. Sylvie Bokoko nous fait entendre, dans *Mafouaou*, la voix d'une jeune Congolaise, Mawa, qui est enfin libre de raconter, deux ans après la mort de son époux, les effets de la période de deuil sur sa vie et sur la vie de ses deux jeunes enfants.

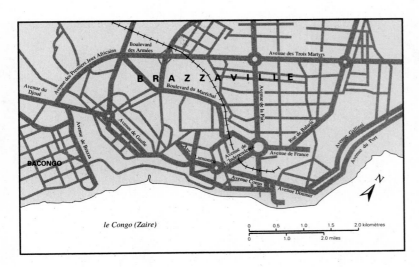

Avant tout

Vocabulex

A. Les mots ci-dessous, trouvés dans *Mafouaou*, expriment tous une relation de parenté. Dressez une liste des mots qui expriment [1] la parenté par filiation (famille) et [2] la parenté par alliance (mariage). Mettez les mots qui ont deux sens possibles dans les deux colonnes.

beaux-parents, belle-mère, belles-sœurs, cousin, enfants, époux, femme, filles, fillettes, fils, mari, parents, père, tante

Parenté par filiation

_____

_____

_____

_____

_____

_____

_____

Parenté par alliance

_____

_____

_____

_____

_____

_____

B. Afin de montrer combien le bonheur et la douleur sont inséparables dans la pensée de Mawa, le personnage principal de *Mafouaou*, et dans sa culture, soulignez dans chacune des phrases suivantes les mots qui indiquent [1] le bonheur et [2] la douleur et mettez-les sous la catégorie pertinente.

1. Ils ont partagé mes quelques joies et peines.
2. Déjà je sens leurs regards et leurs sourires pleins de tristesse me pénétrer jusqu'au cœur.
3. Je chantais la vie et je la maudissais.
4. «Pour montrer sa beauté, la vie doit être dure» disait-on.
5. Ma tante pleurait de tristesse parce que je vivrais désormais loin d'elle et de joie parce qu'enfin, je venais de trouver un bon mari.
6. Les yeux baissés, un sourire mélancolique aux lèvres...

Bonheur   **Malheur**

_____   _____

_____   _____

_____   _____

_____   _____

_____   _____

_____   _____

_____   _____

_____   _____

Study any geographical
names that you find in
the text you're reading.
They may help you place
an unfamiliar text in a
more familiar setting.

Dans le milieu

A. Recherchez à la bibliothèque ou chez vous des renseignements sur le
Congo (Brazzaville) et remplissez la fiche suivante.

SITUATION GÉOGRAPHIQUE: _____   _____
CAPITALE:
TOPOGRAPHIE:
CLIMAT:
POPULATION:
LANGUES:
RELIGIONS:
STRUCTURE SOCIALE: _____   _____
ÉCONOMIE:

B. Préparez un petit dictionnaire touristique qui donnerait la définition des mots suivants qui sont relatifs à la culture congolaise et que vous allez rencontrer en lisant *Mafouaou*.

1. case *(nf)*

   _____

2. chique *(nf)*

   _____

3. féticheur *(nm)*

   _____

4. manioc *(nm)*

   _____

5. mauvais œil *(nm)*

   _____

6. pagne *(nm)*

   _____

7. sorcière *(nf)*

   _____

De grand style

A. Pour illustrer l'importance de l'expression dans le narratif de Mawa, lisez à un(e) camarade de classe, à tour de rôle, la partie de chacune des phrases suivantes qui est entre guillemets. Référez-vous à la partie de la phrase qui est en italique pour savoir quelle intonation donner.

1. «Dépêche-toi», *cria l'un des leurs.*
2. «Je n'y suis pour rien, *balbutiai-je,* c'est à ma tante de décider.»
3. Je fis deux pas vers le fossé et *murmurai:* «Va en paix.»
4. *Je hurlais, je criais* aux infirmiers: «C'est ma faute, je l'ai laissé mourir.»
5. «Non, Mawa! ce que je te dis est vrai», *susurra-t-il enfin.*
6. «C'était la coutume» *m'aurait-on jeté à la face.*
7. Un dimanche, pendant la messe, *une femme vint me parler à l'oreille:* «Mafouaou, viens et suis moi.»
8. «Mawa! Mawa!» *m'a appelée* une voix.

9. «Je suis faite pour les travaux champêtres, *protesta-t-elle* quand nous allions la chercher. Qui ira aux champs, si je me rends en ville?» *ajouta-t-elle*.

B. Trouvez un synonyme de chacun des indices donnés.

Indice original	Synonyme
1. crier	_____
2. balbutier	_____
3. murmurer	_____
4. hurler	_____
5. susurrer	_____
6. jeter à la face	_____
7. parler à l'oreille	_____
8. appeler	_____
9. protester	_____
10. ajouter	_____

Idéogrammes

Dessinez une carte sémantique pour illustrer chacun des thèmes suivants. Vous trouverez à la page 8 le modèle d'une carte sémantique.

1. Voix/Parole/Silence
2. Maladie/Mort/Deuil
3. Abandon/Perte
4. Argent/Économie

Autrement dit

Formez des groupes de trois ou quatre personnes pour discuter en français les sujets suivants. Avant de commencer, améliorez vos connaissances en vocabulaire en faisant l'exercice suivant.

A. Vous trouverez ci-dessous dix mots apparentés qui vous seront peut-être utiles au cours de votre discussion. Assurez-vous d'avoir bien compris le sens de ces mots en écrivant dans le blanc l'équivalent anglais de chaque mot.

1. cimetière *(nm)*   _____

2. décès *(nm)*   _____

3. endurer *(vt)*   _____

4. enterrer *(vt)*   _____

5. funérailles *(nf pl)*   _____

6. s'identifier *(vpr)* avec   _____

7. influencer *(vt)*   _____

8. mortel *(a)*   _____

9. psychologique *(a)*   _____

10. tragique *(a)*   _____

B. Au cours de votre discussion, remplissez les blancs suivants en notant dix mots français que vous aurez appris en discutant, ainsi que l'équivalent anglais de chaque mot. Référez-vous aussi à ces listes en faisant votre essai à la fin du chapitre (p. 127).

1. _____   _____

2. _____   _____

3. _____   _____

4. _____   _____

5. _____   _____

6. _____   _____

7. _____   _____

8. _____   _____

9. _____   _____

10. _____   _____

C. Formez maintenant vos groupes de trois ou quatre personnes et discutez en français les questions suivantes. Comparez ensuite vos réponses à celles des autres étudiant(e)s dans la classe. Êtes-vous d'accord?

1. Mawa, le personnage principal de *Mafouaou*, dit, pour exprimer la force de sa douleur: «Je sentais le ciel sur mes épaules et le fleuve sur ma peau. Du coup, je perdis connaissance.» Comment imaginez-vous la nature au Congo et son influence sur les Congolais?

2. «C'était la coutume.» Voici une phrase qui revient souvent dans le récit de Mawa. Quelles sont les coutumes que vous suivez en ce qui concerne le deuil? Que savez-vous au sujet des coutumes congolaises?

Ce matin, le ciel qui auparavant s'était séparé en camps de nuages, semble s'unir. Les oiseaux qui, pour moi, avaient perdu les ailes, les retrouvent et volent. Je dois aller dire au revoir aux gens de mon quartier, ils m'ont bien accueillie quand je suis arrivée ici, à Bacongo. Ils ont partagé° mes quelques joies et peines. Déjà je sens leurs regards et leurs sourires pleins de tristesse me pénétrer jusqu'au cœur.

partager: to share

Mon martyre commença quand je perdis mon époux. On me coupa les cheveux. On me défendit de me tailler° les ongles. Je ne m'adressais plus directement à aucun homme. Il me fallait une interprète. On m'appelait Mafouaou. Je me lavais rapidement très tôt le matin.

tailler: to cut

— «Garde-toi, me disaient mes beaux-parents, de beaucoup prendre soin de ton corps, sinon le défunt° t'entrera dans le sexe et tu pourras mourir.

deceased

Je pris peur. Ma tante me parlait souvent d'une veuve qui prenait trop soin de son corps: certains hommes lui faisaient la cour, or il lui était interdit de s'adresser à un homme et ceux-ci, de leur côté, devaient en faire autant°. Mais cette Mafouaou se moquait de ces coutumes. Un jour, elle se retrouva avec un «ventre enflé°». Elle mourut quelque temps après. On racontait que c'était le défunt mari qui s'était réfugié dans son ventre. D'autres personnes prétendaient° que c'étaient ses beaux-parents qui lui avaient jeté ce sort°.

to do the same
swollen

prétendre: to claim
jeter un sort: to cast a spell

Je ne disais plus bonjour de la main. Je ne cuisinais que dans les vieilles casseroles. Je ne pouvais toucher aux choses luxueuses. Mes beaux parents ne voulaient pas que je sorte, de peur que j'aille consulter un féticheur pour savoir la cause de la mort de mon époux.

Un dimanche, pendant la messe, une femme vint me parler à l'oreille:

— «Mafouaou, viens et suis-moi. Tu vois bien qu'il y a un homme à côté de toi. Tout le monde a le regard fixé sur toi.»

Je désertai ma place. Comment cette femme m'avait-elle reconnue? C'était simple car ma tignasse° pleine de poux° et mes haillons° ne pouvaient passer inaperçus au milieu de personnes endimanchées. Je devins très docile, j'acceptais tout ce qu'on me proposait.

mop of hair / lice / rags

C'était la coutume.

Certaines personnes contrôlaient tous mes faits et gestes. La causerie° était alimentée° par ce que faisait Mafouaou. On m'imposa le silence. Pour eux, mes journées se devaient d'être toujours tristes. Avais-je un cœur de pierre pour ne pas sentir cette douleur? N'était-ce pas moi qui étais la plus touchée? Je ne portais que deux petits pagnes noirs. Je ne mettais pas non plus de camisoles. Ma poitrine de jeune femme était crasseuse°. Mes ongles poussèrent. Je ne pus les tailler. Je dormais sur la dure° avec mes deux fillettes. Je pleurais tous les soirs mon époux. Nous étions déjà très habitués l'un à l'autre. Nous nous comprenions toujours. On racontait tout de même que je n'avais pas été touchée par la mort de mon époux, que je ne voulais que son argent. Je souffrais. Seul, mon époux aurait pu dire si je l'aimais. Mes beaux parents étaient devenus les maîtres absolus dans notre maison. Ils mirent toutes les voitures à leur disposition. Je ne pus dire mot.

C'était la coutume.

«Mafouaou, ne discute pas n'importe comment; pense seulement à ton pauvre mari.»

À mon pauvre mari! Je les traitais de canailles° au fond de mon cœur. Devant un homme, je tenais les yeux baissés. Cette attitude, je ne la supportais pas. Je voulus leur dire la vérité°: qu'ils laissent au moins quelque chose pour mes filles. Ce n'était pas possible. Scandale! aurait-on crié. Je me taisais° par obligation.

«C'était la coutume» m'aurait-on jeté à la face.

Je devenais de plus en plus sale°. Je ne me gênais pourtant pas dans la rue. Les mouches étaient mes fidèles visiteuses et les chiques° ne cessaient d'envahir° mes pieds. Les gens se retournaient pour me voir. Ils voulaient s'assurer si je n'étais pas folle. Je pleurais tous les soirs dans ma chambre. Ma douleur était déjà assez grande sans que l'on me traitât de la sorte°. Cependant, j'avais plus pitié de mes filles que de moi-même. Je chantais la vie et je la maudissais°. Je ne causais qu'avec mes enfants. Elles n'avaient plus que moi. Elles avaient besoin de mon rire et devaient s'en contenter, tandis qu'il était un scandale aux yeux de mes beaux-parents.

«Pour montrer sa beauté, la vie doit être dure» disait-on.

Mes beaux-parents me torturaient moralement autant que physiquement. Ma belle-mère, autrefois gentille avec moi, me haïssait°. Mes belles sœurs ne supportaient plus ma présence dans cette maison. J'étais malheureuse. Tous me réclamaient° le fichier° dans lequel mon époux mettait tous ses chèques. Mais mon époux ne gardait presque rien à la maison. C'était son associé qui devait être au courant. Et ce dernier ne se faisait plus voir. Je ne reconnaissais qu'un petit compte légué° par mon époux. Or mes beaux-parents en étaient informés et ils me forcèrent à signer la procuration. Ensuite, ils touchèrent tout cet argent. Ils ne me donnèrent même pas un centime. Et ils réclamaient de nouveau le fichier contenant les chèques.

Ils hurlaient, ils demandaient sans cesse le fichier. Je leur répétais que je ne l'avais pas. Pour eux, j'étais une menteuse. Chacun m'expliquait com-

conversation
fed

filthy
on the ground

riffraff

truth

se taire: *to be silent*

dirty
ticks
envahir: *to burrow into*

in that way

maudire: *to curse*

haïr: *to hate*

réclamer: *to ask for / file*

bequeathed

bien de fois il avait souffert pour s'occuper de mon défunt mari. C'étaient leurs prières qui avaient rendu riche leur fils. Donc, à sa mort, ils devaient bénéficier de tout. Quand je leur parlais des enfants, ils me riaient au nez.

«Dépêche-toi, cria l'un des leurs. Tu attends que tes deux ans de Mafouaou finissent pour que tu puisses récupérer cet argent et aller ensuite faire la fête avec les tiens°. Pas question.»

Ces mots me pénétrèrent le cœur comme une flèche. Effarée°, je rentrai dans ma chambre. Ils m'emboîtèrent le pas°. Les enfants qui dormaient déjà se réveillèrent.

— «Donne le fichier avec les chèques. Donne l'argent.»

Je criai que je ne savais pas où se trouvait le fichier. Ils ne comprenaient toujours pas. Ils promirent de m'amener chez un féticheur. Celui-ci saurait dire où j'avais caché le fichier contenant les chèques. Ensuite, j'aurai les doigts brûlés. Ils hurlaient déjà que j'étais à la fois voleuse et sorcière, car depuis tout le temps qu'ils réclamaient le fichier, je protestais que je ne savais rien. Ils dirent en chœur que je devais être pendue. Je dilapidais leurs biens.

Avant mon mariage avec mon défunt époux, je vivais avec un jeune homme de notre village. Ce dernier m'avait promis le mariage, ma tante avait accepté. Je dus abandonner l'école tôt parce que je souffrais de maux de tête. Nous nous entendions bien, Bongo et moi. Il avait un grand champ et j'allais l'aider quand il y avait moins de travail chez nous. Il économisait tout son argent car nous devions nous marier à la fin de la saison des pluies.

Une amie m'apprit, un soir, qu'il fallait renoncer à Bongo, qu'il était fiancé à une autre fille et ne faisait que me tromper. Je répondis à mon amie que je ne croyais pas les dires des gens, car Bongo et moi nous nous aimions.

Je ne pouvais confier à Bongo ce que mon amie m'avait appris. Je ne voulais pas le perdre. Et je souffrais intérieurement. Le Père Joseph, de la Mission catholique, nous apprenait à être sage. Il nous parlait souvent de la chasteté, Bongo aussi suivait ses conseils. Je ne pouvais donc croire à tous ces commérages°. Je lui fis confiance. Il venait chez moi tous les jours ou presque. Quand je chantais, je n'oubliais pas d'introduire son nom. Il était lié à moi comme la salive à la langue.

Puis, un jour, il m'apprit qu'il allait se marier avec une fille. Je crus d'abord qu'il plaisantait°, ou faisait allusion à moi.

Loin de là.

— «Apporte vite le vin. Que cette heureuse fille s'en aille enfin vivre sous le toit de son jeune époux! Son cœur n'attend que ce jour. Elle ne peut plus le supporter loin d'elle» avais-je dit.

Il resta silencieux un moment, le regard braqué sur le mur de sa case en terre battue. Il se mordait la lèvre inférieure comme s'il se trouvait devant un danger auquel il ne savait comment faire face.

— «Non, Mawa! ce que je te dis est vrai», susurra-t°-il enfin.

your family
alarmed
emboîter le pas: to follow

gossip

plaisanter: to joke

susurrer: to whisper

Je le regardai. Il en fit autant. Comment cela pouvait-il être vrai? J'éclatai en sanglots. Il me quitta pour de bon. Ce départ me causa une forte fièvre.

Il m'abandonna.

Il s'envola avec sa femme pour une autre ville. Je restai seule. Triste. Je perdis l'appétit. Je ne riais plus. Ma tante me réconfortait. Elle me souhaitait un bon mari, honnête et sincère. Je ne la croyais pas.

Mes amies se moquaient de moi. Pourtant l'une d'elles m'avait avertie que Bongo me trompait. Mais je ne voulais pas la croire. Quelle est l'amoureuse qui l'aurait crue? Depuis quand l'amour a-t-il des yeux? Malgré tout ce que Bongo m'avait fait, je continuais à l'aimer. Je me rappelle encore le temps où je lui préparais le manioc° tous les jours, lui puisais° de l'eau et balayais sa case°. Le soir venu, je me dépêchais et allais à sa rencontre. Il revenait fatigué des champs, j'étais sa force. Puisqu'il ne travaillait que pour ma dot°, pensais-je, je devais l'aider.

manioc, cassava / puiser: to draw / hut

dowry

Il m'abandonna.

Mes parents n'étaient plus de ce monde. Ma tante, aînée de ma mère et moi travaillions beaucoup aux champs pour nous nourrir. J'avais un cousin qui habitait avec nous. Il était élève. Il fallait qu'il réussisse pour s'occuper de moi plus tard. C'était la prière de ma tante.

Un après-midi, dans la cuisine, pelotonnée° à côté du feu, je me mis à rêver...

curled up

— «Mawa, viens dehors, on a besoin de toi.»

Je sursautai. Mon cœur battait. Je vis mon cousin au seuil de la cuisine. Je sortis. Je remarquai deux étrangers aux côtés de ma tante; ils parlaient notre langue. Je vins les saluer. Ma tante me désigna un banc. Je m'assis.

— «Tu connais ces deux hommes? (Je dis non de la tête.) C'est Monsieur Camille Ndongo et son cadet, Samba Jean.»

Je sursautai de nouveau. Qu'étaient-ils venus faire chez de pauvres gens comme nous? J'entendais souvent parler de Monsieur Ndongo. Il était riche et possédait une grande ferme aux environs de Brazzaville. Il avait même une villa là-bas.

— «Oui, continua ma tante, il est venu te voir.»

J'étais perplexe, je ne savais que dire. Ma tante et mon cousin me laissèrent avec ces deux étrangers. Monsieur Ndongo sortit de son sac de voyage un foulard° et un petit sac dans lequel se trouvaient des sous-vêtements et une petite bague°. Je pris cela, les remerciai et je courus pleurer dans les bras de ma tante.

scarf
ring

Un mois avait passé. Personne n'osait prononcer le nom de Monsieur Ndongo. Avait-on peur du mauvais œil de certains voisins? Enfin, il revint un jour, avec quelques-uns de ses parents. Il apportait le vin et les cadeaux.

— «Mawa, tu sais le but de ma visite. Veux-tu que je reparte tout malheureux avec tout ce que je t'apporte?»

— «Je n'y suis pour rien, balbutiai-je, c'est à ma tante de décider.»

— «Mais, Mawa, je veux bien que Ta Ndongo reste avec nous, ici, aussi

longtemps qu'il voudra. C'est un homme mûr° et de mérite. Même s'il
devait avoir déjà une fille comme toi, c'est un homme sage», répondit
ma tante.

mature

On avait distribué le vin à tout le monde. Presque tout le village était
là. On forma un cercle dans lequel nous nous trouvions, mon époux et moi.
On nous donna à chacun un verre rempli de limonade. C'était la coutume.
Il but et me passa son verre. J'en fis autant. On nous acclama. Nous étions
contents. On dansa toute cette nuit-là. Il y avait assez de nourriture pour
manger jusqu'au matin.

Nous quittâmes le village, les parents de mon époux et moi. Ma tante
pleurait de tristesse parce que je vivrais désormais loin d'elle, et de joie
parce qu'enfin, je venais de trouver un bon mari. Je lui ôtais° toute la honte
causée par Bongo.

ôter: *to remove*

Quelques mois après, j'oubliais Bongo. Camille faisait très attention à
moi. Je sentais que je venais de trouver l'amour vrai, le vrai bonheur. Nous
vivions dans sa belle villa à Bacongo. Après un an, j'accouchai d'une fillette, elle ressemblait beaucoup à son père. Nous étions heureux.

Mon cousin venait souvent passer les vacances chez nous. Ma tante n'y
mettait jamais les pieds. Elle ne voulait pas que les gens soient jaloux d'elle,
ce qui aurait pu me coûter cher. De plus, elle n'aimait pas la ville.

— «Je suis faite pour les travaux champêtres, protestait-elle quand
nous allions la chercher. Qui ira aux champs, si je me rends en ville?»
ajouta-t-elle.

Elle savait, par les commerçants qui allaient et venaient à la ville, que je
me portais bien. Deux ans après, je mis au monde une seconde fille.

Je surveillais les travaux à la ferme que nous possédions aux environs
de Brazzaville, pendant que mon époux s'occupait de l'alimentation de nos
bêtes. J'appris à faire beaucoup de choses à la ferme. Mon mari me trouva
très courageuse. Quand il y avait une bonne quantité de poulets et d'œufs,
j'allais les vendre au marché. J'étais fidèle et probe. Camille l'était aussi.
Nous nous comprenions toujours.

Quatre ans passèrent. Quand j'eus vingt-sept ans, mon époux fut
subitement° atteint d'une° grave maladie. Le médecin diagnostiqua un
cancer du foie°. Il avait des maux de tête très violents. Il gémissait°. Il ne
pouvait dormir de la nuit. Les docteurs mirent en pratique leur savoir, la
maladie empirait. Il passa trois mois à l'hôpital. J'étais toujours à son
chevet°: il me paraissait même que je souffrais plus que lui. Je ne mangeais
presque plus. Je maigrissais. Je ne pouvais imaginer sa mort. C'était trop
horrible. Camille ne parlait plus, ne mangeait ni ne buvait. Il commandait
des plats et quand on les lui présentait, il les refusait. Cela me faisait mal au
cœur. Ses parents venaient rarement lui rendre visite. On décida de l'en-
voyer en France pour des soins plus suivis. Peine perdue. Mon époux ren-
dit l'âme. Il ferma ses beaux yeux pleins d'amour et de bonté. Il ne répondit
plus à mon sourire qu'il adorait tant. La mort, ma rivale, l'emporta dans
son royaume. Elle me laissa seule et malheureuse à jamais.

*suddenly / stricken with
liver /* gémir: *to groan*

bedside

Je hurlais, je criais aux infirmiers:

— «C'est ma faute, je l'ai laissé mourir. J'aurais pu l'aider à s'en sortir. Oh! Mon Dieu. C'est cruel! Je suis coupable. Arrêtez-moi! C'est devant moi qu'il a fermé les yeux, et je n'ai pas osé° le sauver, le tirer de la mort.»

oser: *to dare*

Les amis de mon époux qui étaient là m'entraînèrent dans une chambre. Je pleurais à tue-tête°. Je sentais le ciel sur mes épaules et le fleuve sur ma peau. Du coup, je perdis connaissance.

noisily

Je ne revins à moi que lorsque le klaxon° du corbillard° déchira° le silence du quartier. Je pleurais de nouveau. J'avais les cheveux défaits.

horn / *hearse* / déchirer: *to rend*

Au cimetière, quelques parents de mon époux parlèrent. On me demanda d'en faire autant. Je ne pouvais parler. Qu'aurais-je pu dire? Le ciel

venait de me reprendre tout ce qu'il m'avait donné. Je fis deux pas vers la fosse° et murmurai:

— «Va en paix.»

grave

Hier, j'ai quitté le deuil. Ouf! Le calvaire qui semblait ne devoir jamais finir s'est soudainement terminé. Demain, je quitterai cette ville et je retournerai chez ma tante. Nous irons maintenant, et pour toujours, aux champs ensemble. Décidément, je n'ai pas eu de chance. Je ne sais pas ce que c'est que la chance. Mon père, avant de mourir, me bénit°. Ma mère également. Qu'est-ce qui se passe donc? Les vieux de mon village s'étaient réunis pour essayer de bien voir ce problème: «Mawa est une fille sage. Elle respecte tous les vieux. Elle aide ses camarades, rend service à qui le lui demande. Mais qui donc n'était pas content de ce mariage?» se demandèrent-ils.

bénir: to bless

Ce matin, tous mes beaux-parents sont venus prendre les biens de la maison. Ils ne m'ont laissé ni fourchette ni cuillère. Je n'ai toujours pas la parole. «Il n'était pas ton fils», disent-ils. Ils n'ont rien décidé pour mes filles. Ils les ignorent.

Enfin, je vais dire au revoir aux gens de mon quartier. Je suis là, devant eux. Les yeux baissés, un sourire mélancolique aux lèvres. Je n'arrive pas à prononcer aucun mot, eux non plus. Mais nos cœurs se communiquent et se comprennent. Jusqu'à quand resterai-je là, devant eux? La douleur me pince une fois encore le cœur. Deux larmes coulent doucement sur mes joues. Je ne peux les retenir. Je suis allée tomber dans les bras de Nguela, une amie. Je pleure. Quelques femmes pleurent avec moi doucement. Le klaxon du corbillard semble retentir de nouveau dans nos cœurs. Le mien surtout a l'air de se fendre. Je quitte ces gentilles femmes pour rejoindre mes filles dans la rue. Je leur tends mes deux mains. Et nous nous dirigeons vers le taxi qui nous conduira à la gare.

— «Mawa! Mawa! » m'a appelé une voix.

Je regarde derriere moi.

— «Tu ne peux t'en aller sans nous avoir remis le fichier qui contient les chèques. Mais qu'est-ce que tu es ennuyeuse!»

— «Mais quel fichier?»

Après tout

Que sais-je?

A. Identifiez les lieux et les personnages suivants.

1. Bacongo ————————————————————————

2. Bongo ————————————————————————

3. Brazzaville ————————————————————————

4. Camille Ndongo ————————————————————————

5. Mafouaou ————————————————————————

6. Mawa ————————————————————————

7. Nguela ————————————————————————

8. Samba Jean ————————————————————————

B. Indiquez la réponse correcte.

1. Mawa habitait avec son mari à:
   a. Bacongo.
   b. Bongo.
   c. Bokoko.
2. L'époux de Mawa s'appelait:
   a. Ndongo.
   b. Nguela.
   c. Mafouaou.
3. Le fichier contenait des:
   a. chiques.
   b. chèques.
   c. casseroles.
4. Mawa avait deux:
   a. fichiers.
   b. fillettes.
   c. flèches.
5. Camille est mort:
   a. d'un cancer du foie.
   b. d'une maladie du cœur.
   c. d'un mal de tête.

C. Indiquez si les phrases suivantes sont vraies (V) ou fausses (F).

1. Camille était riche.   V   F

2. Camille et Mawa se comprenaient.   V   F

3. Mawa avait deux fils.   V   F

4. Les parents de Mawa étaient morts.   V   F

5. Mawa a rendu le fichier à ses beaux-parents. V   F

Vocabulex

A. Remplissez, sans vous référer au conte, les blancs dans les paragraphes suivants.

1. Mon martyre commença quand je perdis mon _____ _____ . On me coupa les _____ . On me défendit de me tailler les _____ . Je ne m'adressais plus à aucun _____ . Il me fallait une _____ . On m'appelait _____ . Je me _____ rapidement très tôt le matin.

2. Mes _____ n'étaient plus de ce monde. Ma _____ aînée de ma mère et _____ travaillions beaucoup aux champs pour nous nourrir. J'avais un _____ qui habitait avec nous. Il était élève. Il fallait qu'il réussisse pour s'occuper de moi plus tard. C'était la prière de ma _____ .

B. Vous trouverez ci-dessous l'arbre généalogique de Mawa. Indiquez dans le blanc, pour chaque personne, sa relation de parenté avec elle. (Le *père* de Camille est, par exemple, le *beau-père* de Mawa.)

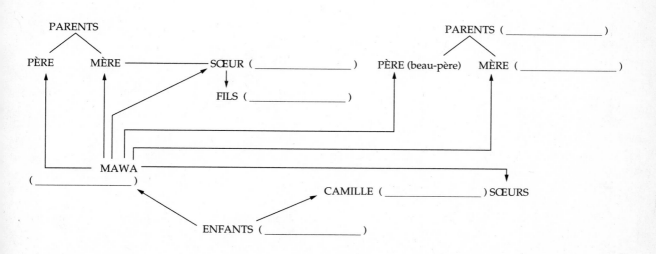

De temps en temps

A. La séquence chronologique de *Mafouaou* est très compliquée. Essayez de la simplifier en mettant dans l'ordre chronologique les événements les plus importants du récit et en les plaçant ensuite sur une ligne du temps.

_____ Bongo trompe Mawa.

_____ Mawa quitte le deuil.

_____ Camille tombe malade.

_____ Mawa quitte Bacongo.

_____ Bongo quitte Mawa.

_____ Mawa accouche de deux filles.

_____ Mawa vit avec Bongo.

_____ Camille meurt.

_____ Mawa et Camille se marient.

_____ Mawa se met en deuil.

_____ Camille se présente à Mawa.

B. Tracez la chronologie du conte en trouvant pour chaque phrase ci-dessus un mot que vous écrirez ensuite sur la ligne du temps suivante.

Modèle: 11. *Départ*_____

1. _____   7. _____

2. _____   8. _____

3. _____   9. _____

4. _____   10. _____

5. _____   11. *Départ*_____

6. _____

Chasse aux trésors

A. Trouvez dans le texte cinq objets qui sont importants dans le développement du récit et expliquez le rôle qu'ils y jouent.

1. Objet: _____

Rôle:

_____

_____

_____

2. Objet: _____

Rôle:

_____

_____

_____

3. Objet: _____

Rôle:

_____

_____

_____

4. Objet: _____

Rôle:

_____

_____

_____

5. Objet: _____

Rôle:

_____

_____

_____

B. Vous êtes membre d'une équipe photographique qui se prépare à partir pour Brazzaville. Vous êtes chargé(e) de prendre des photos pour illustrer le texte de *Mafouaou*. Faites d'abord vos recherches. Dressez, à partir des indications données dans le texte, une liste des quartiers et des gens que vous aimeriez photographier là-bas.

Autrement dit

A. Mettez en scène une adaptation dramatique de l'un des événements importants de Mafouaou. Vous trouverez ci-dessous, pour chaque événement, cinq mots-clés (tirés du conte) qui vous aideront peut-être à préparer votre mise en scène.

1. la rupture avec Bongo.
   abandonner *(vt)*
   fidèle *(a)*
   se marier *(vpr)*
   plaisanter *(vt)*
   tromper *(vt)*
2. la première rencontre avec Camille.
   cadeau *(nm)*
   décider *(vt)*
   perplexe *(a)*
   pleurer *(vt)*
   riche *(a)*
3. la mort de Camille.
   cancer *(nm)*
   empirer *(vi)*
   maladie *(nf)*
   malheureux *(a)*
   mourir *(vi)*
4. le départ final de Mawa.
   accueillir *(vt)*
   se comprendre *(vpr)*
   mélancolique *(a)*
   pleurer *(vt)*
   tristesse *(nf)*

B. Formez maintenant des groupes de trois ou quatre personnes et discutez en français les questions suivantes.

1. Croyez-vous que Mawa savait vraiment où était le fichier contenant les chèques? Pourquoi ou pourquoi pas?
2. Si Mawa savait où était le fichier, aurait-elle dû le rendre à ses beaux-parents? Pourquoi ou pourquoi pas?
3. Résumez l'histoire de la Mafouaou qui se moquait des coutumes de sa culture. Pourquoi Bokoko nous aurait-elle raconté cette histoire?
4. Quels éléments de cette histoire-ci nous rappellent-ils l'histoire de Mawa elle-même?

Composons!

A. Écrivez en français une dissertation de 500 mots sur les sujets suivants.

1. Écrivez le journal intime de Mawa à partir de sa première rencontre avec Camille jusqu'à la mort de celui-ci.
2. Malgré l'isolement imposé par le deuil, Mawa pouvait compter sur le soutien de quelques membres de sa communauté. Discutez, dans ce contexte, le rôle de la tante et des amies de Mawa.
3. Comparez et contrastez l'amour entre Mawa et Bongo et l'amour entre Mawa et Camille.
4. Quelles sont les conséquences de la coutume sur la vie de Mawa?
5. Discutez le thème de l'abandon dans le conte.
6. Comment, pourquoi et à quel effet Bokoko emploie-t-elle la répétition dans *Mafouaou?*

Consider *Autrement dit*, Activité C, Question 2, on page 115.

See *Idéogrammes*, Question 3, on page 113.

B. Écrivez en français une dissertation de 1 000 mots sur le sujet suivant.

Consider your work in *Les deux amants, De grand style*, on page 22.

Il y a une ressemblance saisissante entre le premier paragraphe et les derniers paragraphes du récit. Faites une étude approfondie de ces paragraphes pour déterminer la signification de l'association d'idées qui en résulte.

8

Par un soir de printemps

Guy de Maupassant

FRANCE

Guy de Maupassant [1850–1893] a passé son enfance en Normandie et ses années de production littéraire à Paris. Auteur de nouvelles, de romans et de chroniques, il a bien mérité sa place parmi les grands écrivains français du XIXᵉ siècle: Balzac, Flaubert, Stendhal et Zola.

Le lecteur entrevoit, derrière la façade de tranquillité et de tendresse de *Par un soir de printemps*, une misère qui monte, la détresse trop longtemps négligée de la tante Lison.

Avant tout

Vocabulex

1. Regardez, pendant deux minutes, la scène à la page 128.
2. Faites une liste de tous les objets que vous avez vus.
3. Combien d'objets vous rappelez-vous? Comparez votre liste à celle de vos camarades de classe.
4. Vérifiez vos réponses en regardant encore une fois la scène. Qu'est-ce que vous avez oublié?

As you read a text, focus on the words and phrases that you recognize. They will help you guess the meanings of other words through their context.

Vocabulex

A. Chassez l'intrus dans chaque série de mots en barrant le mot qui n'appartient pas au même champ sémantique que les autres.

1. tressaillement
   frisson
   tremblement
   perron
2. pelouse
   herbe
   cygne
   gazon
3. étreinte
   buée
   rosée
   rivière
4. futaie
   pelote
   feuillage
   sève
5. pelote
   étang
   aiguille
   laine

B. Justifiez vos réponses.

Vocabulex

A. Pour chaque mot-clé, trouvez, dans la liste ci-dessous, le synonyme et le contraire et mettez chaque mot sous la catégorie pertinente.

clair, apaisé, brumeux, tendresse, apaisé, indifférence, ému, insignifiant, tourmenté, marqué

Mot-clé	Synonyme	Contraire
inquiet	_____	_____
intimité	_____	_____
effacé	_____	_____
vaporeux	_____	_____
tranquille	_____	_____

B. 1. Pourquoi le mot «apaisé» est-il répété?
2. Quels sont les deux mots clés qui sont des contraires?

C. 1. Vous trouverez ci-dessous 15 mots dont sept paires de mots de la même famille et un intrus. Soulignez d'abord et liez par des flèches les paires de mots de la même famille.

seul

attente

rougir

attendri

bonté

éclairement

solitairement

bon

attendre

attendrissement

clarté

tendre

rouge

tendresse

clair

2. Expliquez pourquoi vous avez exclu le mot qui reste.

Idéogrammes

Dessinez une carte sémantique pour illustrer chacun des thèmes suivants. Vous trouverez à la page 8 le modèle d'une carte sémantique.

1. l'amour
2. le regret
3. la nature

De grand style

A. Dans le passage suivant, l'auteur décrit la vieille tante Lison. Soulignez d'abord toutes les expressions négatives employées.

> Elle ne tenait point de place. Quand elle n'était pas là, on ne parlait jamais d'elle, on ne songeait jamais à elle. C'était un de ces êtres effacés qui demeurent inconnus même à leurs proches, comme inexplorés, et dont la mort ne fait ni trou ni vide dans une maison, un de ces êtres qui ne savent entrer ni dans l'existence ni dans les habitudes, ni dans l'amour de ceux qui vivent à côté d'eux. Elle marchait toujours à petits pas pressés et muets, ne faisait jamais de bruit, ne heurtait jamais rien, semblait communiquer aux objets la propriété de ne rendre aucun son...

B. Quel est l'effet cumulatif de ces expressions? Comment voyez-vous cette femme après avoir lu ce passage?

Dans le milieu

La liaison amoureuse des deux cousins dans ce conte est rare en ce qu'elle ne semble en rien se conformer aux normes de la société moderne. Mais quelles sont ces normes? Et quelles sont vos idées là-dessus?

A. Faites remplir le sondage ci-dessous à un(e) camarade de classe.

1. Quel âge avez-vous?

   13–17 _____ 18–21 _____ 22–25 _____

   Plus de 25 ans _____

2. À quel âge devrait-on pouvoir sortir en groupe?

   10–11 _____ 12–13 _____ 14–15 _____ 16–17 _____

   Plus de 18 ans _____

3. À quel âge devrait-on pouvoir sortir avec un(e) petit(e) ami(e)?

10–11 _____   12–13 _____   14–15 _____   16–17 _____

Plus de 18 ans _____

4. Où allez-vous le plus souvent pour vous amuser?

en ville _____   chez des parents _____

chez des amis _____

5. Seriez-vous pour ou contre un mariage arrangé par vos parents?

Pour _____   Contre _____

6. Vous marieriez-vous sans le consentement de vos parents?

Oui _____   Non _____

7. Sortiriez-vous avec quelqu'un que vos parents ne connaissent pas?

Oui _____   Non _____

8. Sortiriez-vous avec quelqu'un que vos parents n'aiment pas?

Oui _____   Non _____

9. Voudriez-vous vous marier

en hiver _____   au printemps _____   en été _____

en automne ___?

10. Pour quelle raison choisirait-on une vie célibataire?

la liberté _____   la solitude _____   la peur _____

11. Quelle est, selon vous, le problème le plus commun de la vieillesse?

la maladie _____   l'isolement _____   le regret _____

l'ennui _____

B. Discutez vos réponses avec vos camarades de classe.

Autrement dit

Formez des groupes de trois ou quatre personnes pour discuter en français les sujets suivants. Avant de commencer, améliorez vos connaissances en vocabulaire en faisant l'exercice suivant.

A. Vous trouverez ci-dessous dix mots apparentés qui vous seront peut-être utiles au cours de votre discussion. Assurez-vous d'avoir bien compris le sens de ces mots en écrivant dans le blanc l'équivalent anglais de chaque mot.

1. se conformer à *(vpr)* _____
2. couple *(nm)* _____
3. décision *(nf)* _____
4. désapprouver *(vt)* _____
5. égoïste *(nmf, a)* _____
6. explorer *(vt)* _____
7. familial *(a)* _____
8. mariage *(nm)* _____
9. norme *(nf)* _____
10. solitude *(nf)* _____

B. Au cours de votre discussion, remplissez les blancs suivants en notant dix mots français que vous aurez appris en discutant, ainsi que l'équivalent anglais de chaque mot. Référez-vous aussi à ces listes en faisant votre essai à la fin du chapitre (p. 141).

1. _____   _____
2. _____   _____
3. _____   _____
4. _____   _____
5. _____   _____
6. _____   _____
7. _____   _____
8. _____   _____
9. _____   _____
10. _____   _____

C. Formez maintenant vos groupes de trois ou quatre personnes et discutez en français les questions suivantes. Comparez ensuite vos réponses à celles des autres étudiant(e)s dans la classe. Êtes-vous d'accord?

1. Quelle est l'image de la vieille fille dans notre société?
2. Que pensez-vous de l'amour entre cousins?
3. L'adolescence devrait-elle être une période d'égoïsme?

Par un soir de printemps

Jeanne allait épouser son cousin Jacques. Ils se connaissaient depuis l'enfance et l'amour ne prenait point entre eux les formes cérémonieuses qu'il garde généralement dans le monde. Ils avaient été élevés ensemble sans se douter qu'ils s'aimaient. La jeune fille, un peu coquette°, faisait bien quelques agaceries° innocentes au jeune homme; elle le trouvait gentil, en outre, et bon garçon, et chaque fois qu'elle le revoyait, elle l'embrassait de tout son cœur, mais sans frisson, sans ce frisson qui semble plisser° la chair°, du bout des mains au bout des pieds.

flirtatious
provocative gestures

plisser: *to crease*
flesh

Lui, il pensait tout simplement: Elle est mignonne, ma petite cousine; et il songeait à elle avec cette espèce d'attendrissement instinctif qu'un homme éprouve° toujours pour une jolie fille. Ses réflexions n'allaient pas plus loin.

éprouver: *to feel*

Puis voilà qu'un jour Jeanne entendit par hasard sa mère dire à sa tante (à sa tante Alberte, car la tante Lison était restée vieille fille°): «Je t'assure qu'ils s'aimeront tout de suite, ces enfants-là; ça se voit. Quant à moi, Jacques est absolument le gendre que je rêve.»

spinster

Et immédiatement Jeanne s'était mise à adorer son cousin Jacques. Alors elle avait rougi en le voyant, sa main avait tremblé dans la main du jeune homme; ses yeux se baissaient° quand elle rencontrait son regard, et elle faisait des manières pour se laisser embrasser par lui; si bien qu'il s'était aperçu° de tout cela. Il avait compris, et dans un élan où se trouvait autant de vanité satisfaite que d'affection véritable, il avait saisi à pleins bras sa cousine en lui soufflant dans l'oreille: «Je t'aime, je t'aime!»

baisser: *to lower*

s'apercevoir: *to notice*

À partir de ce jour, ça n'avait été que roucoulements, galanteries, etc., un déploiement de toutes les façons amoureuses que leur intimité passée rendait sans gêne° et sans embarras. Au salon, Jacques embrassait sa fiancée devant les trois vieilles femmes, les trois sœurs, sa mère, la mère de Jeanne, et sa tante Lison. Il se promenait avec elle, seuls tous deux, des jours entiers dans les bois, le long de la petite rivière, à travers les prairies humides où l'herbe était criblée° de fleurs des champs. Et ils attendaient le moment fixé pour leur union, sans impatience trop vive, mais enveloppés, roulés dans une tendresse délicieuse, savourant le charme exquis des insignifiantes caresses, des doigts pressés, des regards passionnés, si longs que les âmes semblent se mêler; et vaguement tourmentés par le désir encore indécis des grandes étreintes, sentant comme des inquiétudes à leurs lèvres qui s'appelaient, semblaient se guetter°, s'attendre, se promettre.

shyness

covered

se guetter: *to watch (each other)*

Quelquefois, quand ils avaient passé tout le jour dans cette sorte de tiédeur° passionnée, dans ces platoniques tendresses, ils avaient, au soir, comme une courbature singulière, et ils poussaient tous les deux de pro-

tepidness

fonds soupirs°, sans savoir pourquoi, sans comprendre, des soupirs gon-
flés° d'attente.

    Les deux mères et leur sœur, tante Lison, regardaient ce jeune amour
avec un attendrissement souriant. Tante Lison surtout semblait tout émue°
à les voir.

    C'était une petite femme qui parlait peu, s'effaçait toujours, ne faisait
point de bruit, apparaissait seulement aux heures des repas, remontait ensuite dans sa chambre où elle restait enfermée sans cesse. Elle avait un air
bon et vieillot°, un œil doux et triste, et ne comptait presque pas dans la
famille.

    Les deux sœurs, qui étaient veuves, ayant tenu une place dans le
monde, la considéraient un peu comme un être insignifiant. On la traitait
avec une familiarité sans gêne que cachait une sorte de bonté un peu
méprisante° pour la vieille fille. Elle s'appelait Lise, étant née aux jours où
Béranger régnait sur la France. Quand on avait vu qu'elle ne se mariait pas,
qu'elle ne se marierait sans doute point, de Lise on avait fait Lison. Aujour-
d'hui elle était «tante Lison», une humble vieille proprette, affreusement
timide même avec les siens, qui l'aimaient d'une affection participant de
l'habitude, de la compassion et d'une indifférence bienveillante°.

    Les enfants ne montaient jamais l'embrasser dans sa chambre. La
bonne seule pénétrait chez elle. On l'envoyait chercher pour lui parler.
C'est à peine° si on savait où était située cette chambre, cette chambre où

sighs

full

moved

old-fashioned

contemptuous

benevolent

scarcely

s'écoulait solitairement toute cette pauvre vie. Elle ne tenait point de place. Quand elle n'était pas là, on ne parlait jamais d'elle, on ne songeait jamais à elle. C'était un de ces êtres effacés qui demeurent inconnus même à leurs proches, comme inexplorés, et dont la mort ne fait ni trou° ni vide° dans une maison, un de ces êtres qui ne savent entrer ni dans l'existence ni dans les habitudes, ni dans l'amour de ceux qui vivent à côté d'eux.

hole / void

Elle marchait toujours à petits pas pressés et muets, ne faisait jamais de bruit, ne heurtait° jamais rien, semblait communiquer aux objets la propriété de ne rendre aucun son; ses mains paraissaient faites d'une espèce d'ouate°, tant elles maniaient légèrement et délicatement ce qu'elles touchaient.

heurter: to clash with

cotton wool

Quand on prononçait: «tante Lison», ces deux mots n'éveillaient° pour ainsi dire aucune pensée dans l'esprit de personne. C'est comme si on avait dit: «la cafetière» ou «le sucrier».

éveiller: to awaken

La chienne Loute possédait certainement une personnalité beaucoup plus marquée; on la câlinait° sans cesse, on l'appelait: «Ma chère Loute, ma belle Loute, ma petite Loute.» On la pleurerait infiniment plus.

câliner: to cuddle

Le mariage des deux cousins devait avoir lieu à la fin du mois de mai. Les jeunes gens vivaient les yeux dans les yeux, les mains dans les mains, la pensée dans la pensée, le cœur dans le cœur. Le printemps, tardif cette année, hésitant, grelottant° jusque-là sous les gelées claires des nuits et la fraîcheur brumeuse des matinées, venait de jaillir tout à coup°.

grelotter: to shiver
suddenly

Quelques jours chauds, un peu voilés, avaient remué° toute la sève° de la terre, ouvrant les feuilles comme par miracle, et répandant° partout cette bonne odeur amollissante° des bourgeons° et des premières fleurs.

remuer: to stir / sap
répandre: to spread
softening / buds
mist

Puis, un après-midi, le soleil victorieux, séchant enfin les buées° flottantes, s'était étalé°, rayonnant° sur toute la plaine. Sa gaieté claire avait empli° la campagne, avait pénétré partout, dans les plantes, les bêtes et les hommes. Les oiseaux amoureux voletaient, battaient des ailes, s'appelaient. Jeanne et Jacques, oppressés d'un bonheur délicieux, mais plus timides que de coutume, inquiets de ces tressaillements° nouveaux qui entraient en eux avec la fermentation des bois, étaient restés tout le jour côte à côte sur un banc devant la porte du château, n'osant plus s'éloigner seuls, et regardant d'un œil vague, là-bas, sur la pièce d'eau, les grands cygnes° qui se poursuivaient.

étaler: to display /
rayonner: to shine /
emplir: to fill

stirrings

swans

Puis, le soir venu, ils s'étaient sentis apaisés, plus tranquilles, et, après le dîner, s'étaient accoudés, en causant doucement, à la fenêtre ouverte du salon, tandis que leurs mères jouaient au piquet dans la clarté ronde que formait l'abat-jour° de la lampe, et que tante Lison tricotait° des bas pour les pauvres du pays.

lamp-shade / tricoter: to knit

Une haute futaie° s'étendait au loin, derrière l'étang°, et, dans le feuillage encore menu° des grands arbres, la lune tout à coup s'était montrée. Elle avait peu à peu monté à travers les branches qui se dessinaient sur son orbe, et, gravissant° le ciel, au milieu des étoiles qu'elle effaçait, elle s'était mise à verser° sur le monde cette lueur mélancolique où

stand of trees / pond
sparse

gravir: to climb up
verser: to pour

flottent des blancheurs et des rêves, si chère aux attendris, aux poètes, aux amoureux.

Les jeunes gens l'avaient regardée d'abord, puis, tout imprégnés par la douceur tendre de la nuit, par cet éclairement vaporeux des gazons et des massifs°, ils étaient sortis à pas lents et ils se promenaient sur la grande pelouse° blanche jusqu'à la pièce d'eau qui brillait.

clumps of trees
lawn

Lorsqu'elles eurent terminé les quatre parties de piquet de tous les soirs, les deux mères, s'endormant peu à peu, eurent envie de se coucher.

«Il faut appeler les enfants», dit l'une.

L'autre, d'un coup d'œil, parcourut l'horizon pâle où deux ombres erraient doucement:

«Laisse-les donc, reprit-elle, il fait si bon dehors! Lison va les attendre; n'est-ce pas, Lison?»

La vieille fille releva ses yeux inquiets, et répondit de sa voix timide:

«Certainement, je les attendrai.»

Et les deux sœurs gagnèrent leur lit.

Alors tante Lison à son tour se leva, et, laissant sur le bras du fauteuil l'ouvrage commencé, sa laine° et la grande aiguille, elle vint s'accouder à la fenêtre et contempla la nuit charmante.

wool

Les deux amoureux allaient sans fin, à travers le gazon, de l'étang jusqu'au perron°, du perron jusqu'à l'étang. Ils se serraient les doigts et ne parlaient plus, comme sortis d'eux-mêmes, mêlés à la poésie visible qui s'exhalait de la terre. Jeanne tout à coup aperçut dans le cadre de la fenêtre la silhouette de la vieille fille que dessinait la clarté de la lampe.

steps

«Tiens, dit-elle, tante Lison qui nous regarde.»

Jacques leva la tête.

«Oui, reprit-il, tante Lison nous regarde.»

Et ils continuèrent à rêver, à marcher lentement, à s'aimer.

Mais la rosée° couvrait l'herbe. Ils eurent un petit frisson de fraîcheur.

dew

«Rentrons, maintenant», dit-elle.

Et ils revinrent.

Lorsqu'ils pénétrèrent dans le salon, tante Lison s'était remise à tricoter; elle avait le front penché sur son travail, et ses petits doigts maigres tremblaient un peu comme s'ils eussent été très fatigués.

Jeanne s'approcha:

«Tante, nous allons dormir, maintenant.»

La vieille fille tourna les yeux. Ils étaient rouges comme si elle eût pleuré. Jacques et sa fiancée n'y prirent point garde. Mais le jeune homme aperçut les fins souliers de la jeune fille tout couverts d'eau. Il fut saisi d'inquiétude et demanda tendrement:

«N'as-tu point froid à tes chers petits pieds?»

Et tout à coup les doigts de la tante furent secoués d'un tremblement si fort que son ouvrage s'en échappa; la pelote° de laine roula au loin sur le parquet; et cachant brusquement sa figure dans ses mains, la vieille fille se mit à pleurer par grands sanglots convulsifs.

ball

Les deux enfants s'élancèrent vers elle; Jeanne, à genoux, écarta ses bras, bouleversée, répétant:

«Qu'as-tu, tante Lison? Qu'as-tu, tante Lison?...»

Alors, la pauvre vieille, balbutiant, avec la voix toute mouillée° de larmes et le corps crispé° de chagrin, répondit:

wet

clenched

«C'est... c'est... quand il t'a demandé: «N'as-tu point froid... à... tes chers petits pieds?... On ne m'a jamais... jamais dit de ces choses-là, à moi!... jamais!... jamais!»

Après tout

Que sais-je?

A. Identifiez les personnages suivants.

1. Alberte _____

2. Jeanne _____

3. Jacques _____

4. Lise _____

5. Loute _____

B. Choisissez la bonne réponse.

1. Jacques était:
   a. le cousin
   b. le gendre } de Jeanne.
   c. la cousine

2. Les deux mères:
   a. voulaient
   b. ne voulaient pas } que leurs enfants se marient.
   c. ont demandé

3. Jeanne et Jacques se promenaient souvent:
   a. en ville.
   b. dans les bois.
   c. près de la fontaine.

4. Tante Lison était:
   a. jeune et timide.
   b. triste et cruelle.
   c. bonne et gentille.

5. Les cousins devaient se marier:
   a. à la fin du mois de mai.
   b. en avril.
   c. à Noël.
6. Les deux mères:
   a. ignoraient
   b. négligeaient ⎫ leur sœur.
   c. détestaient ⎭
7. Un soir de printemps, les deux mères ont demandé à tante Lison:
   a. d'appeler
   c. d'attendre ⎫ les deux cousins.
   d. d'accueillir ⎭
8. Tante Lison est debout:
   a. devant le château.
   b. dans les bois.
   c. devant la fenêtre.
9. Les amoureux:
   a. ont vu
   b. n'ont pas vu ⎫ leur tante.
   c. ont salué ⎭
10. Tante Lison a pleuré parce qu'elle:
    a. avait froid aux pieds.
    b. n'avait pas de pieds.
    c. se sentait toute seule.

Chasse aux trésors

Travaillez avec un(e) camarade de classe et suivez les indices donnés.

A. Soulignez, dans les phrases suivantes, les mots indiqués et modifiez-les selon le cas.

1. L'expression négative:

Elle ne tenait point de place.

2. L'unité verbale (le pronom sujet et le verbe conjugué):

«Qu'as-tu, tante Lison? Qu'as-tu, tante Lison?...»

3. Le contraire (au masculin et au singulier) du deuxième adjectif dans la phrase suivante:

Quelques jours chauds, un peu voilés, avaient remué toute la sève de la terre, ouvrant les feuilles comme par miracle, et répandant partout cette odeur amollissante des bourgeons et des premières fleurs.

4. La préposition:

Et ils continuèrent à rêver, à marcher, à s'aimer.

5. La forme de l'adjectif possessif dans la phrase suivante qui correspondrait à la deuxième personne du singulier:

Ses réflexions n'allaient pas plus loin.

6. a. La forme du dernier adjectif dans la phrase suivante qui s'accorderait aux trois substantifs qui le suivent et
    b. Le masculin du pluriel de l'adjectif qui appartient à la même famille que la locution adverbiale dans la phrase:

Elle avait peu à peu monté à travers les branches qui se dessinaient sur son orbe, et gravissant le ciel, au milieu des étoiles qu'elle effaçait, elle s'était mise à verser sur le monde cette lueur mélancolique où flottent des blancheurs et des rêves, si chères aux attendris, aux poètes, aux amoureux.

7. Le dernier mot de la proposition suivante:

...du bout des mains au bout des pieds.

B. Recopiez tous les mots que vous avez trouvés pour former la phrase-clé du conte.

_____

_____

De temps en temps

Vous êtes un(e) psychiatre qui essaie d'analyser les raisons de la crise que subit la tante Lison.

A. Préparez d'abord cinq questions à poser à vos camarades de classe (qui joueront le rôle des autres personnages du conte) afin de déterminer les raisons immédiates de la crise. Les mots suivants vous seront peut-être utiles au cours de votre enquête.

1. dépression (*nf*) nerveuse
2. instabilité (*nf*)
3. période (*nf*) critique
4. signe (*nm*)
5. trait (*nm*) de caractère (*nm*)

1. _____
2. _____
3. _____
4. _____
5. _____

B. Écrivez dans votre carnet de notes les réponses de vos camarades de classe ainsi que vos impressions «professionnelles».

C. Résumez dans un paragraphe vos conclusions.

Autrement dit

Formez des groupes de trois ou quatre personne et discutez en français les questions suivantes.

1. Considérez-vous la vie de la tante Lison une vie courageuse?
2. Quels sont les éléments du récit que vous trouvez les moins réalistes?
3. Que pensez-vous de la dynamique familiale qui anime ce conte?

Composons!

Écrivez en français une dissertation de 500 mots sur les sujets suivants:

See *De grand style* on page 131.

1. Nous avons déjà considéré l'effet stylistique des expressions négatives dans la description de la vie de la tante Lison. Commentez le dernier paragraphe du conte à la lumière de ce que vous aurez déjà découvert sur le thème de la renonciation.
2. Expliquez comment l'auteur met en contraste la solitude de la tante Lison et l'intimité des cousins.
3. Décrivez l'évolution de l'amour entre les cousins.

See *Idéogrammes*, Question 1, on page 131.

4. Discutez le thème de l'amour dans le conte.

9

L'autre femme

Colette

FRANCE

«L'autre femme» a été publié en 1924 à Paris aux Éditions Flammarion, dans le recueil *La femme cachée*. Son auteur, Sidonie Gabrielle Colette, dite Colette, actrice, journaliste et romancière, est morte en 1954.

Dans «L'autre femme», Colette décrit une scène très simple où ne jouent que trois personnages principaux, mais c'est, en effet, la simplicité de la scène et le jeu des personnages qui font du conte une réflexion si claire de la société de l'époque.

Avant tout

Vocabulex

A. 1. Regardez la scène à la page 142.
2. Choisissez un personnage dans la scène et imaginez-vous à sa place.
3. Écrivez l'une des conversations que vous auriez pu surprendre.

B. Avec un(e) camarade de classe, jouez votre dialogue devant la classe.

Idéogrammes

Dessinez une carte sémantique pour illustrer chacun des thèmes suivants. Vous trouverez à la page 8 le modèle d'une carte sémantique.

1. l'apparence physique
2. le bonheur
3. le restaurant

La Cuverie
RESTAURANT
"Spécialités Bourguignonnes"
Madeleine et Michel KUKUK
21420 SAVIGNY-LES-BEAUNE - Tél. 80 21 50 05

Chassé-croisé

Vous trouverez ci-dessous un mots-croisés basé sur des préfixes (dont cinq en **in–** ou **im–**, quatre en **dé–**, trois en **re–**, deux en **en–** ou **em–** et un en **sur–**.) Remplissez les cases en suivant les indices donnés.

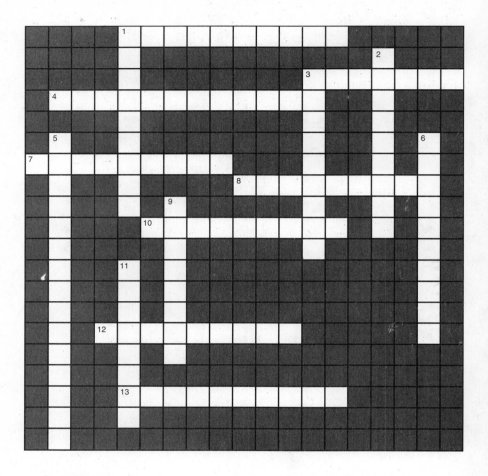

Horizontalement

1. qu'on ne peut pas éviter
3. ne pas laisser partir
4. qu'on ne peut pas soutenir
7. qu'on ne peut pas voir
8. mener
10. remettre droit
12. changer de place
13. grossir

Verticalement

1. pas modeste
2. tourner de nouveau
3. rapprocher
5. manque d'accord
6. observer
9. essayer de cacher
11. manger à midi

De grand style

A. Les remarques entendues par hasard sont parfois les plus difficiles à interpréter. Traduisez les phrases suivantes pour essayer de comprendre un peu le rapport entre les personnages principaux de l'histoire.

1. Je t'en prie, Alice. _____

2. Qu'est-ce que tu as? _____

3. Qu'est-ce qu'il y a, Marc? _____

4. Quoi donc, chérie? _____

5. Ça arrivera encore. _____

6. Mais je n'y ai pas pensé! _____

7. Mais pas du tout. _____

8. Ça, par exemple!_____

9. Pas besoin. _____

10. N'est-ce pas, chérie?_____

B. Travaillez avec un(e) camarade de classe et inventez votre propre dialogue en français en y incorporant au moins cinq phrases tirées de la liste ci-dessus.

C. Présentez votre dialogue devant vos camarades de classe, qui essaieront de retrouver les phrases cachées.

Dans le milieu

Préparez et distribuez à vos camarades de classe un sondage d'opinion sur le mariage et le divorce. Vous trouverez ci-dessous trois questions modèles; inventez sept questions supplémentaires. Analysez les résultats de votre sondage. Remettez à votre professeur un exemplaire de votre sondage et de votre analyse des résultats.

Modèles:

1. Croyez-vous que le mariage reste une institution viable dans notre
   société?   Oui _____   Non _____

2. Combien de personnes séparées ou divorcées connaissez-vous?
   0 _____   1–5 _____   6–10 _____   11–20_____
   Plus de 20 _____

3. Aimeriez-vous être marié(e) un jour? Oui _____ Non _____

Maintenant, inventez vos propres questions!

Autrement dit

Formez des groupes de trois ou quatre personnes pour discuter en français les sujets suivants. Avant de commencer, améliorez vos connaissances en vocabulaire en faisant l'exercice suivant.

A. Vous trouverez ci-dessous dix mots apparentés qui vous seront peut-être utiles au cours de votre discussion. Assurez-vous d'avoir bien compris le sens de ces mots en écrivant dans le blanc l'équivalent anglais de chaque mot.

1. adultère *(nm, a)* _____

2. amical *(a)* _____

3. conjugal *(a)* _____

4. illusion *(nf)* _____

5. légal *(a)* _____

6. légitime *(a)* _____

7. liaison *(nf)* _____

8. perception *(nf)* _____

9. qualité *(nf)* _____

10. réconciliation *(nf)* _____

B. Au cours de votre discussion, remplissez les blancs suivants en notant dix mots français que vous aurez appris en discutant, ainsi que l'équivalent anglais de chaque mot. Référez-vous aussi à ces listes en faisant votre essai à la fin du chapitre (p. 155).

1. _____ _____

2. _____ _____

3. _____ _____

4. _____ _____

5. _____ _____

6. _____ _____

7. _____ _____

8. _____ _____

9. _____ _____

10. _____ _____

Don't forget that the title is part of the text. Reading it carefully can give you some preliminary indications of the theme and tone of the text you're about to read.

C. Formez maintenant des groupes de trois ou quatre personnes et discutez en français les questions suivantes. Comparez ensuite vos réponses à celles des autres étudiant(e)s dans la classe. Êtes-vous d'accord?

1. Quelle est l'image de «l'autre femme» dans notre société?
2. Est-il souhaitable, ou même possible, de divorcer «en amis»?
3. Racontez une situation amoureuse dans laquelle vous avez joué un rôle.
4. Faut-il juger sur l'apparence? Pourquoi ou pourquoi pas? Dans quelles situations?

L'autre femme

— Deux couverts°? Par ici, monsieur et madame, il y a encore une table contre la baie, si madame et monsieur veulent profiter de la vue. — *a table for two*

    Alice suivit le maître d'hôtel.

— Oh! oui, viens, Marc, on aura l'air de déjeuner sur la mer dans un bateau...

    Son mari la retint d'un bras passé sous le sien°. — *hers*

— Nous serons mieux là.

— Là? Au milieu de tout ce monde? J'aime bien mieux...

— Je t'en prie, Alice.

    Il resserra° son étreinte° d'une manière tellement significative qu'elle se retourna. — *resserrer: to tighten / grip*

— Qu'est-ce que tu as?

    Il fit «ch...tt» tout bas, en la regardant fixement, et l'entraîna° vers la table du milieu. — *entraîner: to lead*

— Qu'est-ce qu'il y a, Marc?

— Je vais te dire, chérie. Laisse-moi commander le déjeuner. Veux-tu des crevettes? ou des œufs en gelée?

— Ce que tu voudras, tu sais bien.

    Ils se sourirent, gaspillant° les précieux moments d'un maître d'hôtel surmené°, atteint d'une° sorte de danse nerveuse, qui transpirait° près d'eux. — *gaspiller: to waste* / *overworked / afflicted by /* *transpirer: to perspire*

— Les crevettes, commanda Marc. Et puis les œufs bacon. Et du poulet froid avec une salade de romaine. Fromage à la crème? Spécialité de la maison? Va pour la spécialité. Deux très bons cafés. Qu'on fasse déjeuner mon chauffeur, nous repartons à deux heures. Du cidre? Je me méfie°... Du champagne sec. — *se méfier: to be wary*

    Il soupira comme s'il avait déménagé une armoire, contempla la mer décolorée de midi, le ciel presque blanc, puis sa femme qu'il trouva jolie sous un petit chapeau de Mercure à grand voile pendant°. — *hanging*

— Tu as bonne mine°, chérie. Et tout ce bleu de mer te fait les yeux verts, figure-toi! Et puis tu engraisses°, en voyage... C'est agréable, à un point, mais à un point!...

Elle tendit orgueilleusement° sa gorge ronde, en se penchant° au-dessus de la table:

— Pourquoi m'as-tu empêchée° de prendre cette place contre la baie?

Marc Séguy ne songea pas à mentir°.

— Parce que tu allais t'asseoir à côté de quelqu'un que je connais.

— Et que je ne connais pas?

— Mon ex-femme.

Elle ne trouva pas un mot à dire et ouvrit plus grands ses yeux bleus.

— Quoi donc, chérie? Ça arrivera encore. C'est sans importance. Alice, retrouvant la parole, lança dans leur ordre logique les questions inévitables:

— Elle t'a vu? Elle a vu que tu l'avais vue? Montre-la moi?

— Ne te retourne pas tout de suite, je t'en prie, elle doit nous surveiller°... Une dame brune, tête nue, elle doit habiter cet hôtel... Toute seule, derrière ces enfants en rouge...

— Oui. Je vois.

Abritée° derrière des chapeaux de plage à grandes ailes, Alice put regarder celle qui était encore, quinze mois auparavant, la femme de son mari. «Incompatibilité», lui racontait Marc. «Oh! mais, là... incompatibilité totale! Nous avons divorcé en gens bien élevés, presque en amis, tranquillement, rapidement. Et je me suis mis à t'aimer, et tu as bien voulu être heureuse avec moi. Quelle chance qu'il n'y ait, dans notre bonheur, ni coupables°, ni victimes!»

La femme en blanc, casquée° de cheveux plats° et lustrés où la lumière de la mer miroitait en plaques° d'azur, fumait une cigarette en fermant à demi les yeux. Alice se retourna vers son mari, prit des crevettes et du beurre, mangea posément. Au bout d'un moment de silence:

— Pourquoi ne m'avais-tu jamais dit qu'elle avait aussi les yeux bleus?

— Mais je n'y ai pas pensé!

Il baisa la main qu'elle étendait vers la corbeille° à pain et elle rougit de plaisir. Brune et grasse, on l'eût trouvée un peu bestiale, mais le bleu changeant de ses yeux, et ses cheveux d'or ondé°, la déguisaient en blonde frêle et sentimentale. Elle vouait à son mari une gratitude éclatante°. Immodeste sans le savoir, elle portait sur toute sa personne les marques trop visibles d'une extrême félicité.

Ils mangèrent et burent de bon appétit, et chacun d'eux crut que l'autre oubliait la femme en blanc. Pourtant, Alice riait parfois trop haut, et Marc soignait° sa silhouette, élargissant les épaules et redressant° la nuque. Ils attendirent le café assez longtemps, en silence. Une rivière incandescente, reflet étiré° du soleil haut et invisible, se déplaçait lentement sur la mer, et brillait d'un feu insoutenable°.

— Elle est toujours là, tu sais, chuchota° brusquement Alice.

---

avoir bonne mine: *to look well* / engraisser: *to put on weight*

proudly / se pencher: *to lean*

empêcher: *to prevent*

mentir: *to lie*

surveiller: *to watch*

sheltered

guilty parties

coiffed / *straight*

pools

basket

wavy

radiant

soigner: *to take pains with* / redresser: *to straighten up* / drawn out / unbearable

chuchoter: *to whisper*

— Elle te gêne? Tu veux prendre le café ailleurs?

— Mais pas du tout! C'est plutôt elle qui devrait être gênée°! D'ailleurs, elle n'a pas l'air de s'amuser follement, si tu la voyais... *embarrassed*

— Pas besoin. Je lui connais cet air-là.

— Ah! oui, c'était son genre?

Il souffla de la fumée par les narines et fronça les sourcils°: *froncer les sourcils: to frown*

— Un genre... Non. À te parler franchement, elle n'était pas heureuse avec moi.

— Ça, par exemple!...

— Tu es d'une indulgence délicieuse, chérie, une indulgence folle... Tu es un amour, toi... Tu m'aimes... Je suis si fier, quand je te vois ces yeux... oui, ces yeux-là... Elle... Je n'ai sans doute pas su la rendre heureuse. Voilà, je n'ai pas su.

— Elle est difficile!

Alice s'éventait° avec irritation, et jetait de brefs regards sur la femme en blanc qui fumait, la tête appuyée au dossier de rotin°, et fermait les yeux avec un air de lassitude satisfaite. *s'éventer: to fan oneself* / *rattan*

Marc haussa les épaules modestement:

— C'est le mot, avoua°-t-il. Que veux-tu? Il faut plaindre ceux qui ne sont jamais contents. Nous, nous sommes si contents... N'est-ce pas, chérie? *avouer: to admit*

Elle ne répondit pas. Elle donnait une attention furtive au visage de son mari, coloré, régulier, à ses cheveux drus°, faufilés° çà et là de soie blanche, à ses mains courtes et soignées. Dubitative pour la première fois, elle s'interrogea: *thick / threaded*

«Qu'est-ce qu'elle voulait donc de mieux, elle?»

Et jusqu'au départ, pendant que Marc payait l'addition, s'enquérait° du chauffeur, de la route, elle ne cessa plus de regarder avec une curiosité envieuse la dame en blanc, cette mécontente, cette difficile, cette supérieure... *s'enquérir: to inquire*

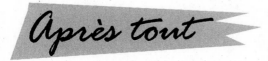

Après tout

Que sais-je?

Choisissez la bonne réponse.

1. Marc choisit une table:
   a. contre la baie.
   b. du milieu.
   c. dehors.

2. Les Séguy déjeunent à:
   a. midi.
   b. deux heures.
   c. minuit.

3. Ils mangent:
   a. des crabes.
   b. des cravates.
   c. des crevettes.

4. Alice porte:
   a. un chapeau à voile.
   b. un voile.
   c. un béret.

5. La femme en blanc est:
   a. la femme de Marc.
   b. l'ex-femme de Marc.
   c. la belle-sœur d'Alice.

6. Alice dit que la femme en blanc est:
   a. trop visible.
   b. différente.
   c. difficile.

7. Marc se croit:
   a. difficile.
   b. fier.
   c. las.

8. Alice est:
   a. modeste.
   b. immodeste.
   c. supérieure.

9. La femme en blanc:
   a. regarde Marc et Alice.
   b. lit un livre.
   c. ferme les yeux.

10. Alice se sent enfin:
    a. satisfaite.
    b. curieuse.
    c. malade.

De temps en temps

A. Afin de revoir la scène du point de vue des Séguy, mettez dans l'ordre chronologique les phrases suivantes et indiquez, pour chaque phrase, le nom de l'interlocuteur.

	Ordre	Nom
1. «Oh! mais, là, incompatibilité totale!»	_____	_____
2. «Elle a vu que tu l'avais vue?»	_____	_____
3. «Nous serons mieux là.»	_____	_____
4. «Et que je ne connais pas?»	_____	_____
5. «Ce que tu voudras, tu sais bien.»	_____	_____
6. «C'est plutôt elle qui devrait être gênée.»	_____	_____

	Ordre	Nom
7. «Qu'est-ce qu'elle voulait donc de mieux, elle?»	_____	_____
8. «Je n'ai sans doute pas su la rendre heureuse.»	_____	_____
9. «Elle te gêne?»	_____	_____
10. «Oui, je vois.»	_____	_____

Vocabulex

A. Pour revoir le thème du bonheur dans le conte, cherchez dans le texte le mot qui manque dans chacune des locutions suivantes.

1. Et je me suis mis à t'aimer, et tu as bien voulu être _____ _____ avec moi.

2. Quelle chance qu'il n'y ait, dans notre _____, ni coupables, ni victimes!

3. Immodeste sans le savoir, elle portait sur toute sa personne les marques trop visibles d'une extrême _____.

4. À te parler franchement, elle n'était pas _____ avec moi.

5. Je n'ai sans doute pas su la rendre _____.

6. Il faut plaindre ceux qui ne sont jamais _____...

7. Nous, nous sommes si _____... N'est-ce pas, chérie?

8. Et jusqu'au départ, pendant que Marc payait l'addition, s'enquérait du chauffeur, de la route, elle ne cessa de regarder avec une curiosité envieuse la dame en blanc, cette _____ _____, cette difficile, cette supérieure...

B. Discutez en français avec un(e) camarade de classe la phrase numéro 6. Êtes-vous d'accord? Pourquoi ou pourquoi pas? Comparez vos réponses à celles de vos camarades de classe.

Chasse aux trésors

A. Depuis la «mer décolorée de midi» jusqu'au «visage de son mari, coloré», le lexique descriptif de *L'autre femme* est plein de couleurs. Remplissez les blancs ci-dessous en cherchant dans le conte les couleurs qui conviennent.

1. ...la mer décolorée de midi, le ciel presque _____...

2. Et tout ce _____ de mer te fait les yeux _____, figure-toi!

3. Elle ne trouva pas un mot à dire et ouvrit plus grands ses yeux _____.

4. Une dame _____, tête nue, elle doit habiter cet hôtel...

5. Toute seule, derrière ces enfants en _____...

6. La femme en _____, casquée de cheveux plats et lustrés où la lumière de la mer miroitait en plaques d'_____...

7. Pourquoi ne m'avais-tu jamais dit qu'elle avait les yeux _____?

8. _____ et grasse, on l'eût trouvée un peu bestiale, mais le _____ changeant de ses yeux, et ses cheveux d'_____ ondé, la déguisaient en blonde frêle et sentimentale.

9. ...chacun d'eux crut que l'autre oubliait la femme en _____.

10. Alice s'éventait avec irritation, et jetait de brefs regards sur la femme en _____...

B. Travaillez avec un(e) camarade de classe pour répondre aux questions suivantes.

1. Quelles sont les couleurs prédominantes du conte?
2. L'auteure associe-t-elle certaines couleurs à certains personnages ou à certains objets? Si oui, lesquelles?

Vocabulex

À partir de son titre, *L'autre femme* met en question la signification des choses les plus banales. Qui est «l'autre femme» et quel est le sens des mots suivants, pourtant assez ordinaires, dans le contexte du conte? Cherchez d'abord, dans le conte, la phrase qui contient le mot en question et copiez-la dans le blanc. Trouvez ensuite, dans un dictionnaire, tous les sens de ces mots et déterminez, au cours de votre lecture du conte, le sens le plus approprié dans le contexte.

1. baie (page 147)

   Contexte:_____

   Significations possibles: _____

   Signification dans le contexte: _____

2. couvert (page 147)

   Contexte:_____

   Significations possibles: _____

   Signification dans le contexte: _____

3. mine (page 148)

   Contexte:_____

   Significations possibles: _____

   Signification dans le contexte: _____

4. pendant (page 147)

   Contexte:_____

   Significations possibles: _____

   Signification dans le contexte: _____

5. voile (page 147)

   Contexte:_____

   Significations possibles: _____

   Signification dans le contexte: _____

Autrement dit

Formez des groupes de trois ou quatre personnes et discutez en français les questions suivantes.

1. Quelle est la signification du titre, *L'autre femme*?
2. Comment l'atmosphère du conte aurait-elle changé sous la législation actuelle contre les fumeurs?
3. En quoi les détails descriptifs du conte répondent-ils à une image stéréotypée de la société française?
4. Il paraît que l'ex-femme de Marc Séguy habite à l'hôtel où se passe l'histoire. Imaginez que vous êtes un(e) employé(e) du restaurant de l'hôtel et que vous connaissez bien l'ancienne Mme Séguy. Parlez-lui après le départ de Marc et d'Alice.

Composons!

Écrivez en français une dissertation de 500 mots sur chacun des sujets suivants.

See *Autrement dit*, Question 4, above.

See *Vocabulex*, Question 6, on page 152.

1. Écrivez le journal intime de la femme en blanc au cours de son mariage ou après le départ de Marc et d'Alice.
2. Récrivez le conte du point de vue de la femme en blanc.
3. Discutez la phrase: «Il faut plaindre ceux qui ne sont jamais contents» dans le contexte du conte.
4. Rédigez une réponse à la question d'Alice: «Qu'est-ce qu'elle voulait donc de mieux, elle?».

Liens affectifs

Le courage

Le courage se présente sous des formes très diverses dans les trois textes de cette section et leur ressemblance fondamentale est parfois masquée par une diversité d'expression assez frappante. Pour explorer un peu plus profondément les aspects moins apparents de l'unité intertextuelle de ces trois nouvelles, écrivez en français une dissertation de 750 mots sur l'un des sujets suivants.

1. Chacune des femmes protagonistes de cette section a un trait de caractère bien précis qui lui permet de surmonter les obstacles qui menacent de l'écraser. Quel est, pour chacune de ces femmes, ce trait de caractère fondamental? Comment ce trait sert-il à déterminer le développement du récit? Discutez.
2. Étudiez le rôle de l'homme dans *Mafouaou*, *Par un soir de printemps* et *L'autre femme*.
3. Comparez et contrastez les différentes sortes de courage que démontrent les personnages principaux de cette section.
4. Dans quelle mesure le milieu culturel influence-t-il le développement du récit dans *Mafouaou*, *Par un soir de printemps* et *L'autre femme*?
5. Bien que ce soit le courage qui définisse les trois textes de cette section, c'est, en effet, l'amour qui en est la force et l'origine. Étudiez le thème de l'amour dans *Mafouaou*, *Par un soir de printemps* et *L'autre femme*.

10 *Comme une jeune fille blanche*

Ibrahima Sall

SÉNÉGAL

«Comme une jeune fille blanche» fait partie d'un recueil de nouvelles, *Crépuscules invraisemblables*, publié en 1977 par les Nouvelles Éditions Africaines. Son auteur, le jeune poète sénégalais, Ibrahima Sall, exprime dans cette nouvelle la violence des forces primordiales de l'amour, de la révolte et de la mort.

Comme une jeune fille blanche raconte l'histoire d'Amy, une jeune musulmane africaine, qui rejette les valeurs sociales et religieuses de sa famille pour chercher la liberté, peut-être illusoire, de la société blanche. Amy ne manque pas d'audace, mais sera-t-elle assez forte pour pouvoir faire toute seule son bonheur?

Avant tout

Vocabulex

A. Pour apprendre quelques mots de vocabulaire assez difficiles, essayez de faire l'exercice suivant.

1. Choisissez un(e) partenaire.
2. Divisez en deux la liste de mots ci-dessous.
3. Cherchez dans un dictionnaire la définition des mots que vous avez choisis.
4. Inventez pour chaque mot deux autres définitions.
5. Lisez, à tour de rôle, vos définitions.
6. Essayez de choisir, pour chaque mot, la bonne définition.

désinvolte *(a)*	mansuétude *(nf)*	suie *(nf)*
suintant *(a)*	poing *(nm)*	briguer *(vt)*
chapelet *(nm)*	pointe *(nf)*	crisser *(vt)*
doigté *(nm)*	rescapé *(nm, a)*	redouter *(vt)*

B. Inventez six phrases dont chacune contiendra deux mots de la liste.

1. _____
2. _____
3. _____
4. _____
5. _____
6. _____
   _____

Idéogrammes

Dessinez une carte sémantique pour illustrer chacun des thèmes suivants. (Vous trouverez à la page 8 le modèle d'une carte sémantique.)

1. l'amour
2. la perte

3. la guerre
4. la révolte

De grand style

A. Le rythme syntaxique du conte est essentiellement triple, ce qui reflète, en quelque sorte, son jeu des personnages. Remplissez les blancs dans les phrases suivantes par l'une des séries de mots ci-dessous.

—confiance, amour, foi
—embuscade, mine, mort
—satiété, affamé, rescapé
—origine, pauvreté, jeunesse
—Dieu, patrie, toi

1. Tu as voulu vivre seule pour attendre l'homme que tu aimais, celui à qui tes parents ne pouvaient pardonner ni son _____, ni sa _____, ni sa _____.

2. Tu n'avais gardé que _____ en toi, _____ du bien-aimé et _____ en Dieu.

3. Pour toi, il avait redoré le blason de la devise du bataillon: son âme appartenait toujours à _____, son travail à la _____, mais son cœur, c'est _____ qui le faisais battre.

4. Quatre longues années et puis un jour, sur papier jauni envoyé par un camarade, la terrible nouvelle: «_____. _____ ennemie. Il est _____!»

5. Tu as pu enfin pleurer, pleurer à _____, pleurer comme aurait mangé un _____, comme aurait bu un _____.

B. Quels seraient, d'après les indications ci-dessus, quelques-uns des thèmes qui seront en jeu dans le conte?

Dans le milieu

Que savez-vous de la culture musulmane en Afrique? Testez vos connaissances en faisant le petit test ci-dessous.

A. Les mots suivants se rapportent tous à la culture musulmane. Choisissez, pour chaque définition, le mot qui convient.

le Coran	un marabout	une mosquée
un imam	La Mecque	un muezzin
l'Islam	un minaret	un musulman
Mahomet		

1. fidèle de l'Islam _____

2. religion des musulmans _____

3. fonctionnaire religieux musulman _____

4. prophète de l'Islam _____

5. ville sainte de l'Islam _____

6. successeur de Mahomet _____

7. sanctuaire musulman _____

8. sage musulman _____

9. tour d'une mosquée _____

10. livre sacré de l'Islam _____

B. Faites une présentation de cinq minutes en français sur le rôle des femmes dans la culture musulmane au Sénégal. En préparant votre présentation, considérez les aspects suivants.

1. La structure de la société musulmane:
    les responsabilités familiales, sociales et personnelles de la femme
2. La famille:
    a. le rôle du père et de la mère
    b. le rôle du mari et de la femme
    c. le rôle de l'enfant
    d. le contrôle
3. La société:
    a. son influence sur la famille
    b. ses normes et ses conventions
    c. les valeurs et le statut social

    d. les fiançailles, le mariage, le divorce et le veuvage
    e. le célibat et la cohabitation
4. La personne:
    a. la dépendance et l'indépendance
    b. la liberté et le choix
    c. l'éducation
    d. les métiers et les professions
    e. la révolte et ses conséquences

Autrement dit

Formez des groupes de trois ou quatre personnes pour discuter en français les sujets suivants. Avant de commencer, améliorez vos connaissances en vocabulaire en faisant l'exercice suivant.

A. Vous trouverez ci-dessous dix mots apparentés qui vous seront peut-être utiles au cours de votre discussion. Assurez-vous d'avoir bien compris le sens de ces mots en écrivant dans le blanc l'équivalent anglais de chaque mot.

1. attitude *(nf)* _____
2. condamner *(vt)* _____
3. coutume *(nf)* _____
4. décision *(nf)* _____
5. liberté *(nf)* _____
6. obligation *(nf)* _____
7. opinion *(nf)* _____
8. option *(nf)* _____
9. s'opposer à *(vp)* _____
10. suicide *(nm)* _____

B. Au cours de votre discussion, remplissez les blancs suivants en notant dix mots français que vous aurez appris en discutant, ainsi que l'équivalent anglais de chaque mot. Référez-vous aussi à ces listes en faisant votre essai à la fin du chapitre (p. 173).

1. _____ _____
2. _____ _____
3. _____ _____

4. _____   _____
5. _____   _____
6. _____   _____
7. _____   _____
8. _____   _____
9. _____   _____
10. _____   _____

C. Discutez en français les questions suivantes.

1. Êtes vous superstitieux? Pourquoi ou pourquoi pas?
2. Les parents devraient-ils pouvoir choisir le métier de leur(s) enfant(s)?
3. Les jeunes ont-ils plus ou moins de préjugés que les adultes?
4. Devrait-on jamais se marier à contre-cœur?

Reading a text in French can be less frustrating if you go beyond the words to the themes and ideas behind them and relate them to your own experience.

Comme une jeune fille blanche

«Tout concourait° à dire que tu n'aurais pas été heureuse avec lui. Dieu n'a pas permis que tu gâches° ainsi ta vie. Demain, tu épouseras Cissé. Il t'a toujours aimée et il a su attendre que tu lui reviennes. Il a déjà pardonné le sursaut de révolte de ton âge. Demain, tu épouseras Cissé. Il est noble et encore jeune. On ne compte plus ses propriétés et ses voitures. Il a l'expérience de la vie. Toutes les filles t'envieront. Tu auras boubous°, villa et télévision, ce que ta pauvre mère n'a jamais pu posséder. Dieu merci! Je savais bien que je ne me serais pas éreintée° inutilement à ton éducation. Dieu merci! Finies la médiocrité, la misère de la vie au jour le jour. Demain, tu épouseras Cissé et rendras agréable le peu de jours qu'il me reste à vivre.»

Tu avais répondu d'une voix trop calme: « J'épouserai Cissé», et ta mère était partie, bouleversée de joie, oubliant de refermer la porte et même de dire «au revoir».

C'est bête, la vie. N'est-ce pas Amy? Quatre années de fiançailles menacées par les préjugés, quatre années de bonheur arraché°, d'extases fugitives. Quatre années de patience contre les jalousies, les médisances°, l'hostilité du père, l'envahissante° mansuétude° maternelle et les pointes°

concourir: *to conspire*
gâcher: *to waste*

African tunics

s'éreinter: *to wear oneself out*

snatched
gossip
pervasive / indulgence /

des amies; quatre années d'espérance, toute une cour de prétendants° et de partis° éconduits° pour, demain, épouser Cissé…

Comme une jeune fille blanche, tu avais mis bas et jeté aux détritus° les préceptes révolus°, le mirage des comptes bancaires et des toilettes, la bourgeoisie suintante° de matérialisme et de cérémonial, l'aristocratie des pseudo-titres, des sourires protocolaires et des galanteries obséquieuses.

Comme une jeune fille blanche, tu avais juré fidélité à cet adolescent désinvolte°. Tu l'as aimé en dépit de° son strabisme°, son salaire minable de soldat rengagé. Tu as lutté° pour défendre ton bonheur. Quatre années de veillées° sous la lumière implacable°. Infirmière d'État! Tu t'étais enfin arrachée de la dépendance familiale.

Comme une jeune fille blanche, tu t'étais dégagée de° toutes les servitudes pour choisir ton époux, ton foyer, vivre ta vie, te créer, à la force du poignet°, une place au soleil. Les gens disaient que tu étais son aînée. Que voulait-on que ça te fasse? Les parents crachaient° leur mépris° sur la fragilité de ton bonheur. Sa caste était à l'index°. Tu t'en moquais bien.

Tu as voulu vivre seule, loin du toit° familial pour fuir les anathèmes du marabout qui regrettait de t'avoir envoyée à l'école. Tu as voulu vivre seule pour attendre l'homme que tu aimais, celui à qui tes parents ne pouvaient pardonner ni son origine, ni sa pauvreté, ni sa jeunesse.

pointed remarks / suitors / suitors / rejected / rubbish
bygone
oozing

offhand / in spite of / squinting / lutter: *to fight / evenings, vigils / inflexible*
se dégager de: *to free oneself from*
à la force du poignet: *by the sweat of one's brow /* cracher: *to spit / disdain /* à l'index: *blacklisted / roof*

Tu avais laissé ta mère au bord de l'hystérie, les ceintures de gris-gris°, amulettes contre le mauvais œil et la mauvaise langue. Tu avais brisé ou jeté tous les flacons de «safara°» nauséabond, vestiges° de superstitions. Tu n'avais gardé que confiance en toi, amour du bien-aimé et foi en Dieu. Comme une jeune fille blanche, tu entendais faire seule ton bonheur.

Lui aussi avait lutté. Il gravissait un à un les échelons de la hiérarchie. Il faisait de son mieux pour suivre, lorsque la vie de caserne° le lui permettait, des cours du soir. Par ton amour, tu avais réussi à lui insuffler° le goût des études. Pour toi, il s'était découvert des ambitions. Maintenant, caporal, il briguait° la casquette° de sous-officier. Une lueur d'éclaircie° perçait les nuages de suie° lorsqu'il fut soudain affecté à un poste frontalier. Pour toi, il avait redoré° le blason° de la devise° du bataillon: son âme appartenait toujours à Dieu, son travail à la patrie, mais son cœur, c'est toi qui le faisais battre.

Quatre longues années et puis un jour, sur papier jauni envoyé par un camarade, la terrible nouvelle: «Embuscade°. Mine ennemie. Il est mort!» Une lettre? Presqu'un télégramme.

Tu n'as pas pleuré. Tu n'arrivais pas à réaliser le gouffre° où s'étaient brisés tes rêves et tes projets. Une semaine enfermée dans ta douleur, tu as passé au fil° de ta mémoire, images au ralenti°, ton bref bonheur. En vagues régulières, les souvenirs les plus ténus, du fin fond° de ton cœur, lourds comme des couvercles°, venaient hurler dans ta mémoire. Inutilement, ta mère tambourinait° à ta porte. Il a fallu la défoncer°. La crise était inévitable. Tu as pu enfin pleurer, pleurer à satiété, pleurer comme aurait mangé un affamé, comme aurait bu un rescapé°. Quinze jours à l'hôpital!

À ta sortie, ton père, le marabout, t'avait dit, entre deux grains° de chapelet°, qu'il te fallait être raisonnable, que Cissé était tout indiqué pour te faire oublier ce mauvais moment, qu'avoir une ou quatre rivales n'a jamais fait du mal à une jeune fille si c'est elle la préférée. Les parents et amis s'étaient empressés°, susurrant leur sollicitude, avides d'en connaître davantage° sur une femme veuve avant le mariage. Tu as voulu rester seule dans la maison où tu avais vécu un semblant de bonheur. Redoutant° le pire°, ta mère était venue habiter avec toi. Qu'est-ce que cela pouvait te faire? Un mois qu'il était mort et déjà Cissé faisait crisser° les pneus de sa voiture devant la maison. Ta mère était tout miel et sucre; on te ménageait°; on t'aidait. On avait recommandé à Cissé tact et doigté°. Qu'est-ce qu'ils voulaient donc que ça te fasse? Depuis toujours, tu savais ce que tu avais à faire et aujourd'hui, plus que jamais, tu savais ce qu'il te restait à faire.

— J'épouserai Cissé, avais-tu répondu, et ta mère s'en était allée, soulagée°, annoncer la nouvelle sans même te dire au revoir, oubliant que tu avais trop aimé pendant quatre ans un homme pour pouvoir t'en passer en un mois.

Comme une jeune fille blanche, tu as pris le tube de barbiturique. Infirmière diplômée, tu savais la dose qui convenait°. Tu n'aurais pas dû faire

---

amulets

safara: *talisman / traces*

barrack
insuffler: *to inspire*

briguer: *to aspire to / cap /*
  lueur d'éclaircie:
  glimmer of light / soot /
  redorer: *to embody;*
  (Fig.) redorer son
  blason: *to upgrade*
  oneself socially / coat-
  of-arms / motto /
  ambush / gulf

thread / in slow motion
very bottom
lids
tambouriner: *to pound /*
  défoncer: *to break*
  down / survivor
beads
prayer beads

s'empresser: *to hurry*
more
redouter: *to fear*
worst
crisser: *to squeal*
ménager: *to handle with*
  care / tact

relieved

convenir: *to be suitable*

ça, Amy! On ne t'a pas élevée comme une jeune fille blanche. Après tout, qu'est-ce que cela pouvait bien te faire?

De la mosquée toute proche, quelqu'un appelait à la prière du crépuscule°. Dans ton esprit floconneux°, sa voix ressemblait étrangement à celle du marabout, ton père, qui dira demain, entre deux grains de chapelet:
— C'est la faute de l'école, c'est la faute des Blancs!
— C'était sa faute à lui, vieil hypocrite! s'indigna Moussa, les poings° serrés°. Grand Oussou lui tapa sur l'épaule.

evening, twilight / fuzzy

fists
clenched

Après tout

Que sais-je?

A. Qui a prononcé les phrases suivantes?

1. «Demain, tu épouseras Cissé.» _____

2. «Tu n'aurais pas dû faire ça, Amy!» _____

3. «C'est la faute de l'école,
   c'est la faute des Blancs!» _____

4. «J'épouserai Cissé.» _____

5. «C'est sa faute à lui, vieil hypocrite!» _____

B. Choisissez la bonne réponse.

1. Amy était:
   a. infirme.
   b. infirmière.
   c. une jeune fille blanche.
2. Le fiancé d'Amy était:
   a. médecin.
   b. soldat.
   c. chômeur.
3. Le père d'Amy était:
   a. soldat.
   b. maroquinier.
   c. marabout.

4. Amy a pris:
   a. du poison.
   b. des calmants.
   c. du safara.
5. Le père d'Amy a blâmé:
   a. les Blancs.
   b. l'école et les Blancs.
   c. Cissé.

Vocabulex

A. 1. Dictez à un(e) camarade de classe le paragraphe suivant:

Comme une jeune fille blanche, tu avais mis bas et jeté aux détritus les préceptes révolus, le mirage des comptes bancaires et des toilettes, la bourgeoisie suintante de matérialisme et de cérémonial, l'aristocratie des pseudo-titres, des sourires protocolaires et des galanteries obséquieuses.

2. Corrigez la dictée.

3. Trouvez dans le paragraphe un synonyme de chacun des mots ci-dessous.

   a. chimère (*nf*)   _____

   b. commandement (*nm*)   _____

   c. courtoisie (*nf*)   _____

   d. façade (*nf*)   _____

   e. ordures (*nf*)   _____

4. Traduisez le paragraphe en anglais.

B. Choisissez, dans chaque série, le synonyme ou l'explication du mot donné.

1. Le mauvais œil:
   a. le strabisme
   b. la myopie
   c. le regard porte-malheur
2. Une mauvaise langue:
   a. une personne médisante
   b. la mauvaise haleine
   c. une infection streptococcique

3. Le safara:
   a. une drogue africaine
   b. un désert en Afrique
   c. une expédition de chasse
4. Un boubou:
   a. une gaffe
   b. une injure
   c. une tunique africaine
5. Un gris-gris:
   a. une insulte
   b. une amulette
   c. une teinte grisâtre

C. Pour bien comprendre le sens de chaque mot, mettez-le dans le bon contexte.

1. Tu avais laissé ta mère au bord de l'hystérie, les ceintures de _____
   _____ , amulettes contre le _____
   _____et la _____ .

2. Tu auras _____s, villa et télévision, ce
   que ta pauvre mère n'a jamais pu posséder.

3. Tu avais brisé ou jeté tous les flacons de «_____
   _____» nauséabond, vestiges de superstitions.

De temps en temps

A. 1. Pour bien comprendre le développement du récit, mettez les phrases suivantes dans l'ordre chronologique.

_____ Tu n'arrivais pas à réaliser le gouffre où s'étaient brisés tes rêves et tes projets.

_____ Tu t'étais enfin arrachée de la dépendance familiale.

_____ «Embuscade. Mine ennemie. Il est mort!»

_____ Tu as pu enfin pleurer, pleurer à satiété, pleurer comme aurait mangé un affamé, comme aurait bu un rescapé.

_____ Tu as lutté pour défendre ton bonheur.

_____ C'est sa faute à lui, vieil hypocrite! s'indigna Moussa, les poings serrés.

_____ Comme une jeune fille blanche, tu as pris le tube de barbiturique.

_____ «J'épouserai Cissé», avais-tu répondu et ta mère s'en était allée, soulagée, annoncer la nouvelle sans même te dire au revoir, oubliant que tu avais trop aimé pendant quatre ans un homme pour pouvoir t'en passer en un mois.

_____ Tu n'aurais pas dû faire ça, Amy!

_____ Depuis toujours, tu savais ce que tu avais à faire et aujourd'hui, plus que jamais, tu savais ce qu'il te restait à faire.

2. Pour comprendre le développement du conte dans le contexte d'une ligne du temps rangée à partir de ses éléments de base, appariez le numéro de chacune des phrases ci-dessus à son élément narratif correspondant.

Éléments narratifs de *Comme une jeune fille blanche*

_____ la révolte

_____ l'indépendance

_____ la nouvelle

_____ la dénégation

_____ la crise

_____ la capitulation

_____ la décision

_____ l'acte

_____ les reproches

_____ le blâme

B. Pour réviser le récit à partir de sa structure temporelle, mettez les mots et les expressions ci-dessous dans les blancs.

| demain | une semaine | depuis toujours | un jour |
| quatre années | quinze jours | un mois | enfin |

1. _____ de veillées sous la lumière implacable.

2. Quatre longues années et puis _____, sur papier jauni envoyé par un camarade, la terrible nouvelle.

3. _____ enfermée dans ta douleur...

4. Tu as pu _____ pleurer...

5. _____ à l'hôpital!

6. _____ qu'il était mort et déjà Cissé faisait crisser les pneus de sa voiture devant la maison.

7. _____, tu savais ce que tu avais à faire et _____, plus que jamais, tu savais ce qu'il te restait à faire.

Chasse aux trésors

A. Cherchez dans le conte...

1. trois fétiches:

   a. _____

   b. _____

   c. _____

2. trois professions:

   a. _____

   b. _____

   c. _____

3. trois mots apparentés:

   a. _____

   b. _____

   c. _____

4. trois valeurs bourgeoises:

   a. _____

   b. _____

   c. _____

5. trois possessions:

   a. _____

   b. _____

   c. _____

6. trois termes militaires:

a. _____

b. _____

c. _____

7. trois paires de synonymes:

a. _____

b. _____

c. _____

8. trois termes religieux:

a. _____

b. _____

c. _____

9. trois phrases répétées au moins trois fois chacune:

a. _____

b. _____

c. _____

B. Répondez en français aux questions suivantes. Justifiez votre réponse.

1. Quels sont les trois personnages principaux du conte?
2. Quelles sont les trois valeurs les plus dangereuses des parents d'Amy?
3. Des trois phrases répétées au moins trois fois chacune, laquelle exprime le mieux le conflit fondamental du conte?

Autrement dit

Formez des groupes de trois ou quatre personnes et discutez en français les questions suivantes.

1. Êtes-vous d'accord avec la mère d'Amy qui dit, «Tout concourait à dire que tu n'aurais pas été heureuse avec lui.»?

2. Qui raconte l'histoire?

3. Quelles sont les indications de l'hypocrisie de la part des parents d'Amy?

4. Expliquez la signification des «quatre années» dans l'esprit d'Amy.

Composons!

Écrivez en français une dissertation de 500 mots sur chacun des sujets suivants.

Consider *Autrement dit,* Activité C, Question 2, on page 164 and *Autrement dit,* Question 3, above.

Consider *De temps en temps,* Activité A, Question 2, on page 170.

1. Expliquez comment les attitudes apparemment opposées de la mère et du père d'Amy envers leur fille convergent en ce qui concerne son mariage.
2. Faites un portrait psychologique du narrateur du conte.
3. Discutez le rôle du matérialisme dans le déroulement de l'histoire.
4. Expliquez en détail la signification du titre du conte.

11 *La jeune fille difficile*

Bernard Dadié

L'œuvre littéraire de Bernard Dadié, homme politique et écrivain célèbre, est liée de près à la culture politique de son peuple. Né en 1916 en Côte-d'Ivoire, Dadié s'engage depuis sa jeunesse dans la littérature orale de l'Afrique occidentale, dans son folklore, ses légendes et ses contes de fées.

La jeune fille difficile est l'histoire d'une belle jeune fille séduite par un homme qui l'amène pas à pas vers le désastre. Que deviendra-t-elle? Mourra-t-elle de mort violente ou sera-t-elle condamnée à vivre avec ce monstre, son mari? Dadié nous raconte, en souriant, un récit à suspense.

Avant tout

Dans le milieu

A. L'image de la jeune fille et de l'oiseau revient souvent dans le texte et nous annonce l'arrivée du Toucan vers la fin de l'histoire. Ainsi la mère de la jeune fille, en parlant de l'époux idéal, dit-elle: «Et dans combien de temps se présentera-t-il, cet oiseau rare?» Afin de voir dans quelle mesure les oiseaux présentent dans le conte des qualités humaines, soulignez d'abord dans les phrases suivantes les différentes sortes d'oiseaux.

Les coqs, d'une même voix, clamèrent: «Cocoh est belle-hô-coh!» Une escadrille de perroquets passa en bavardant, suivie d'une compagnie de tourterelles. Des charognards, dans le ciel, guettaient les poussins que les «mamans-poules» rassemblaient précipitamment sous elles.

B. Mettez ensuite à côté de chaque qualité indiquée sur la liste ci-dessous le nom de l'oiseau qui la représente.

1. audace   _____

2. danger   _____

3. douceur   _____

4. indiscrétion   _____

5. sécurité   _____

C. Basant votre réponse sur l'image de la jeune fille et du Toucan à la page 174 et sur les exercices ci-dessus, dites quelle sorte d'histoire vous vous attendez à lire.

Vocabulex

When the English translation of a French word doesn't help you, look up the word in your English dictionary and use that definition as the basis for your understanding.

A. Bien que son vocabulaire soit assez complexe, *La jeune fille difficile* contient plusieurs mots apparentés qui vous aideront à comprendre leurs équivalents français. Mettez d'abord dans les blancs ci-dessous l'équivalent anglais de chaque mot français. Pour vous assurer d'avoir bien compris le sens des mots apparentés anglais, qui sont eux-mêmes assez difficiles, appariez ensuite chaque mot anglais à son synonyme.

Mot français	Mot apparenté anglais	Synonyme anglais
adroit (*a*)	_____	surroundings
conseil (*nm*)	_____	advice
délire (*nm*)	_____	call forth
environs (*nmpl*)	_____	skilful
évoquer (*vt*)	_____	beaten
exigence (*nf*)	_____	suitor
prétendant (*nm*)	_____	resort
recours (*nm*)	_____	rest
répit (*nm*)	_____	demand
vaincu (*a*)	_____	frenzy

B. Cherchez dans un dictionnaire anglais la définition de chacun des mots anglais ci-dessous.

1. calabash
2. creeper
3. dugout
4. mangrove
5. seer

C. Basant votre choix sur les définitions que vous avez trouvées, écrivez au-dessus de chacun des mots soulignés dans les phrases suivantes son équivalent anglais pour pouvoir ensuite traduire toute la phrase.

1. Ils allèrent consulter les <u>devins</u>, offrirent des sacrifices aux dieux, aux génies, aux ancêtres.

   _____

   _____

2. Les fleuves emportèrent des <u>pirogues</u>, en engloutirent d'autres.

   _____

   _____

3. — Et pourquoi une <u>calebasse</u> sur la tête? lui demanda la mère.

   _____

   _____

4. Au bord d'un fleuve, parmi les <u>palétuviers</u>, un pied disparut.

_____

_____

5. Dans une forêt, le second pied, redevenu <u>liane</u>, s'enroula autour d'un énorme dabéma.

_____

_____

D. Justifiez votre choix.

De grand style

A. Lisez le passage ci-dessous et soulignez tous les adjectifs, tous les verbes et tous les substantifs qui sont utilisés plus d'une fois.

Donc depuis des années et des années, chaque jour, les mêmes chansons avaient été dites et redites, les mêmes louanges dites et redites, tellement redites que Cocoh, grisée, devint une jeune fille difficile, difficile à tel point qu'elle n'écoutait même plus les conseils de ses parents qui en étaient fort désolés. Après avoir usé de la douceur et de la force, de la force et de la douceur, ils pensèrent qu'avec le temps, leur enfant changerait de caractère. Mais le temps passait et le caractère de Cocoh restait le même, à leur grand désespoir.

B. Quel est l'effet de cette répétition? Expliquez votre réponse.

Idéogrammes

Dessinez une carte sémantique pour illustrer chacun des thèmes suivants. (Vous trouverez à la page 8 le modèle d'une carte sémantique.)

1. la beauté
2. la nature
3. le mal

Dans le milieu

Pour mieux connaître la tradition orale, ses possibilités et ses problèmes, posez vos stylos, formez deux groupes bien séparés et essayez l'activité ci-dessous.

1. Inventez dans chaque groupe, sans rien mettre par écrit, une légende contenant tous les éléments suivants.
   a. une belle fille
   b. un bel homme
   c. un diable
   d. des poules
   e. une maladie
   f. une épreuve
   g. un mariage
   h. une prise de conscience
   i. une punition
   j. une morale
2. Choisissez, pour chaque groupe, un(e) porte-parole qui racontera votre légende à l'autre groupe, qui ne peut rien mettre par écrit.
3. Reprenez vos stylos et mettez par écrit, individuellement, la légende que le (la) porte-parole de l'autre groupe vous a racontée.
4. Remettez vos légendes à votre professeur qui les lira pour ensuite vous en raconter quelques-unes.
5. Comparez les légendes racontées par votre professeur aux deux légendes originales. En quoi ont-elles changé? Quels seraient, à votre avis, les avantages et les inconvénients d'une tradition orale?

Autrement dit

Formez des groupes de trois ou quatre personnes pour discuter en français les sujets suivants. Avant de commencer, améliorez vos connaissances en vocabulaire en faisant l'exercice suivant.

A. Vous trouverez ci-dessous dix mots apparentés qui vous seront peut-être utiles au cours de votre discussion. Assurez-vous d'avoir bien compris le sens de ces mots en écrivant dans le blanc l'équivalent anglais de chaque mot.

1. comparaison (*nf*) _____
2. difficulté (*nf*) _____
3. divorcer (*vt*) _____

4. égalité *(nf)* _____

5. égoïste *(nmf, a)* _____

6. harmonie *(nf)* _____

7. mériter *(vt)* _____

8. perception *(nf)* _____

9. qualité *(nf)* _____

10. sauver *(vt)* _____

B. Au cours de votre discussion, remplissez les blancs suivants en notant dix mots français que vous aurez appris en discutant, ainsi que l'équivalent anglais de chaque mot. Référez-vous aussi à ces listes en faisant votre essai à la fin du chapitre (p. 190).

1. _____ _____

2. _____ _____

3. _____ _____

4. _____ _____

5. _____ _____

6. _____ _____

7. _____ _____

8. _____ _____

9. _____ _____

10. _____ _____

C. Discutez en français les questions suivantes.

1. Préféreriez-vous être d'une beauté extraordinaire, d'une intelligence éblouissante ou d'une bonté sans égal? Expliquez votre choix.
2. Que feriez-vous si votre enfant s'obstinait à épouser quelqu'un que vous croyiez être vraiment dangereux?
3. Croyez-vous que le temps et la saison influencent notre tempérament? Expliquez pourquoi ils l'influencent ou pourquoi ils ne l'influencent pas.

La jeune fille difficile

Elle était si belle que le Soleil, à la contempler, un jour, oublia de poursuivre° sa ronde; si belle que la Brise accourait° du bout du monde pour venir la caresser; tellement belle qu'à la voir, on ne se lassait jamais de° la regarder. Et fait étrange°, plus on la regardait, davantage° on éprouvait° l'envie de la regarder! Une espèce de faim et de soif de la regarder. On serait resté là pendant des années à l'admirer, s'il n'y avait eu la faim, la soif, le sommeil, les occupations! Elle se savait d'une beauté exceptionnelle, la petite Cocoh. Un chef-d'œuvre° de perfection. Pour elle, le Créateur avait œuvré° à loisir°. De la couleur des cheveux aux ongles° des orteils°, des ourlets° des oreilles à la finesse des doigts, de la démarche° au balancement des bras, de l'éclat° du regard à l'éclat du rire, du moelleux° de la voix au moelleux du sourire, tout était parfait; si parfait que les oiseaux ne cessaient de la chanter, et le Vent, sans répit°, de louer° son charme. Sombre et boudeur°, le Temps s'illuminait dès que Cocoh se montrait. Et la Nuit, la belle Nuit de velours de chez nous sortait toutes ses lampes, afin d'admirer, elle aussi cette merveille. Le Perroquet° criait à tous les échos que nulle part dans l'univers n'était beauté aussi charmante, et le Coq, le beau Coq, trouvait même du temps pour clamer: «Cocoh est belle-hô-coh!» Ce que nous autres traduisons maintenant par «Cocorico°»! depuis que nous avons perdu la faculté de comprendre les bêtes et les choses. Mais eux nous comprennent toujours. Heureusement!

Donc, depuis des années et des années, chaque jour, les mêmes chansons avaient été dites et redites, les mêmes louanges° dites et redites, tellement redites que Cocoh, grisée°, devint une jeune fille difficile, difficile à tel point qu'elle n'écoutait même plus les conseils° de ses parents qui en étaient fort désolés. Après avoir usé de la douceur et de la force, de la force et de la douceur, ils pensèrent qu'avec le temps, leur enfant changerait de caractère. Mais le temps passait et le caractère de Cocoh restait le même, à leur grand désespoir. Ils allèrent consulter les devins°, offrirent des sacrifices aux dieux, aux génies, aux ancêtres. Le caractère de Cocoh restait le même; on aurait même dit qu'il empirait°. Elle ne supportait° plus la moindre° remarque, entendait en tout agir à sa guise°. On avait tué les coqs de la concession, mais les coqs des concessions voisines, les coqs des villages voisins, ne cessaient de hurler de l'aube° au crépuscule°: «Cocoh est belle-hô-coh!» Une maladie s'abattit sur° la volaille°, mais seules les poules en mouraient. Les coqs, comme pour narguer° l'épidémie, fixaient le Soleil, allongeaient le cou, battaient les ailes et lançaient leur vibrant «Cocoh est belle-ho-côh!» L'épidémie, de guerre lasse°, s'enfuit de cette région où les coqs la provoquaient à tous les instants. Elle partit et ne revint plus. On dit qu'elle mourut de honte sur le chemin du retour...

poursuivre: *to continue* / accourir: *to hurry* / se lasser de: *to get tired of* / fait étrange: *the odd thing is* / plus... davantage: *the more... the more* / éprouver: *to feel* / chef d'œuvre: *masterpiece* / œuvrer: *to labor* / à loisir: *at leisure* / nails / toes / lobes / gait / radiance / softness / sans répit: *continuously* / louer: *to praise* / sullen parrot

cock-a-doodle-do

praises
intoxicated
advice

seers

empirer: *to get worse* / supporter: *to bear* / least / agir à sa guise: *to do as one pleases* / dawn / dusk / s'abattre sur: *to swoop down upon* / poultry / narguer: *to scoff at* / de guerre lasse: *tired of fighting*

Puis vinrent les pluies torrentielles qui firent crouler° les cases°, déborder° les fleuves. Les fleuves emportèrent des pirogues°, en engloutirent° d'autres. Le désolation régnait sur la région, mais les coqs, dans leur réduit°, dans les coins des cases clamaient toujours: «Cocoh est belle-hô-coh!»

Les parents se dirent qu'avec le mariage, Cocoh deviendrait peut-être moins orgueilleuse°. Mais lorsque vint le temps de se marier, la jeune fille refusa de prendre époux, ou du moins elle y mit une condition: elle épouserait l'homme qui, d'un coup de flèche°, ferait tomber la petite calebasse° qu'elle porterait désormais sur la tête.

— Et pourquoi une calebasse sur la tête? lui demanda la mère.

— C'est mon secret.

— Ma fille, ne sois pas si difficile. Choisis-toi un mari, les jeunes gens ne manquent pas; la beauté n'est pas un trésor bien durable. Ton père et moi sommes prêts à célébrer pompeusement ton mariage, à montrer à tout le monde...

— Je veux un mari digne de moi.

— Tu n'as donc vu personne qui te convienne° parmi tous ceux qui tournent sans cesse autour de toi?

— Qui tournent autour de moi?

— Ces jeunes gens qui, pour toi, oublient même de manger et de dormir.

— Non! je ne les vois même pas.

— Tu ne vois pas ces jeunes gens qui te suivent à la trace comme le chien suit son maître?

— Non! Je ne regarde pas les ombres!

— Que nous demandes-tu?

— Faire publier partout que je cherche un mari; et deviendra mon mari, celui qui, d'un coup de flèche, fera tomber la calebasse posée sur ma tête.

— Mais, ma fille, c'est ridicule. Les autres enfants n'imposent pas de conditions...

— C'est ce que je veux, maman! Il me faut un être brave, adroit°, un homme qui ait à lui seul toutes les qualités.

— Et tu crois pouvoir le trouver, cet homme?

— Oui, maman, je veux le trouver et je le trouverai.

— Et si tu ne trouvais pas un tel homme?

— Je sais ce que je ferais.

La jeune fille prononçait cette dernière phrase d'une façon telle que la maman chaque fois en tremblait. N'était-elle pas enfant unique?

De guerre lasse, les parents firent publier la nouvelle et aussitôt accoururent de partout, rois, princes, adroits chasseurs, pêcheurs° habiles°, riches cultivateurs, simples artisans. Il vint des prétendants° de toutes les conditions et de tous les pays. L'épreuve° se passait en plein jour, sur la place du marché. Elle commençait avec le lever du soleil pour se terminer au coucher. Des dizaines, des centaines de candidats avaient été éliminés; personne ne pouvant soutenir° le regard vraiment magique de Cocoh. Même les hommes les plus versés° dans certaines pratiques, vaincus°, lais-

---

crouler: to collapse / huts
déborder: to overflow /
  dugout canoes / engloutir: to swallow up /
  hideout

proud

arrow
gourd

convenir: to suit

skillful

fishermen / able
suitors
test

soutenir: to withstand
skilled / vanquished

saient tomber leurs flèches; ou s'ils tiraient, ils tremblaient tellement, leur cœur battait si fort, si fort, que la flèche prenait une autre direction.

Certains étaient revenus plus de vingt fois, mais plus de vingt fois, ils échouèrent°.

échouer: *to fail*

À la longue, la compétition n'intéressa plus personne et chacun reprit ses occupations habituelles. Le chasseur recommença à chasser, le pêcheur à pêcher et le cultivateur à cultiver. Les jeunes filles, au clair de lune, chantaient toujours, mais elles ne prononçaient plus le nom de Cocoh qui espérait que quelqu'un parviendrait° à faire tomber d'un coup de flèche la calebasse qu'elle portait sur la tête.

parvenir: *to succeed*

— Ma fille, lui disait sa mère, prends pour époux un homme que tu connais, que nous connaissons, un homme qui peut te rendre heureuse. Est-ce que tu me comprends?

— ...

— Je vis depuis un certain nombre d'années. Et si je n'ai rien vu d'extraordinaire, j'ai entendu parler les vieux; auprès d'eux j'ai fait une moisson° d'expériences. Une jeune fille ne doit pas être trop difficile dans le choix d'un époux. C'est une exigence° qui ne porte pas toujours bonheur.

harvest

requirement

— Je ne puis revenir sur la condition posée à mon mariage.

— Sur quoi ne peut-on pas revenir, ma fille? Pendant combien de temps attendras-tu ainsi?

— Jusqu'à ce que l'homme que je veux se présente.

— Et dans combien de temps se présentera-t-il, cet oiseau rare?

— Je ne le sais pas.

— Dans ces conditions...

— J'ai décidé d'attendre cet homme qui sera au-dessus des autres, qui sera au niveau de ma beauté.

Les dattes et les prunes avaient produit plus de dix fois, la grande période de pêche était revenue plus de vingt fois. Les hommes commençaient vraiment à oublier ce mariage qu'on n'évoquait presque plus dans les conversations, lorsqu'on apprit tout à coup que venait d'arriver un prétendant d'une beauté telle que Cocoh en le regardant avait fermé les yeux.

Il avait les cheveux si abondants qu'ils traînaient° par terre derrière lui, un cou pareil à celui d'une statuette, des dents en or, un regard d'un éclat plus ardent que la flamme la plus pure, une voix plus douce que la douce berceuse° d'une mère, et puis, une allure, hum! Ah! cet homme devait venir de très loin, certainement du pays des génies... Et d'une taille°! D'une taille! Quelque chose de colossal.

traîner: *to trail*

lullaby
stature

La maman dit à sa fille de se méfier de cet homme qui ne paraissait pas être de l'espèce humaine. Cocoh, éblouie°, ensorcelée°, rabroua° la mère qui revint cependant à la charge parce que son cœur de mère lui répétait sans cesse: «Cet être n'est pas un homme! Cet être n'est pas un homme!»

dazzled / bewitched / rabrouer: *to snub*

Ayant appris l'arrivée de cet être étrange, les gens vinrent de partout, et un vendredi matin, Cocoh, sa calebasse sur la tête, sur la place du marché, se plaça sous son arbre habituel.

Les coqs, d'une même voix, clamèrent: «Cocoh est belle-hô-coh!» Une escadrille° de perroquets passa en bavardant°, suivie d'une compagnie de tourterelles°. Des charognards°, dans le ciel, guettaient° les poussins° que les «mamans-poules» rassemblaient précipitamment° sous elles. Dans le village et dans tous les villages voisins, tam-tams et coups de pilon° avaient cessé. Tout le monde était au spectacle! Le Soleil était au rendez-vous, en plein milieu du ciel. Et il riait, il riait, ce jour-là, le Soleil! La nature était inondée de° rire, de lumière. Les poissons eux aussi, ayant appris la surprenante nouvelle, étaient accourus sur les bords du fleuve. Le vieux Crocodile du fleuve, couché sur un rocher, écoutait de toute son attention ce que lui rapportait le Vent.

flight / bavarder: *to squawk* / *turtledoves* / *vultures* / guetter: *to watch* / *chicks* / rassembler précipitamment: *to gather in a hurry* / *drumstick* / inondé de: *flooded with*

Un nuage passa, et de ce nuage qui passait, le Géant tira un arc, en tendit la corde. La corde dans ses doigts chanta, le chant fit danser la foule°, les arbres, les abeilles°, les oiseaux, les insectes. D'un vent qui passait, le Géant sortit une flèche d'une blancheur éblouissante°. Il mit la flèche sur l'arc et la flèche d'elle-même partit en sifflant°. Et les danseurs de siffler. La flèche partit, tourna autour de la calebasse, revint, repartit et tac! fit voler en éclats° la calebasse dont jamais on ne retrouva les débris.

crowd
bees
dazzling
siffler: *to whistle*

La foule en délire° porta le vainqueur° en triomphe, et Cocoh, éperdue° de joie, folle de sa victoire, se jeta au cou de son époux. Les formalités écourtées°, les nouveaux mariés se mirent en route pour rejoindre le village de l'homme. Cocoh eut à peine° le temps de dire au revoir à ses parents et d'écouter les derniers conseils de sa maman. Ne disait-on pas, dans le village et dans les villages environnants°, qu'elle allait rester vieille fille°! Ne venait-elle pas d'avoir l'époux qu'elle avait toujours souhaité°? Pourquoi s'attarder° dans un village qui n'avait eu pour elle que coups de langue et de griffes°? Ne tenait-elle pas sa revanche°, son triomphe? Un homme qui tirait son arc d'un nuage°! Elle ne voulut de personne pour l'accompagner, comme c'est la coutume. Elle marchait en tête. Ils marchèrent, marchèrent, marchèrent.

voler en éclats: *to fly into pieces* / en délire: *delirious* / *victor* / *overcome* / *cut short* / à peine: *barely*

surrounding / vieille fille: *spinster* / souhaiter: *to wish* / s'attarder: *to stay* / *claws* / *revenge* / *cloud*

— Il doit être loin, ton village!

— Nous y arriverons bientôt. C'est un village où les coqs de pagode sont en or.

— Merveilleux! Oh! comme j'ai bien fait de t'attendre! Mon cœur me disait que tu viendrais.

— Un village où tout est mélodie. Là-bas, nous ne connaissons ni la maladie, ni la mort!

— Mon cœur ne m'a pas trompée.

— Et tu as bien fait, ma femme. Un époux, il ne faut jamais le prendre sans avoir longtemps réfléchi.

— Ah! si j'avais écouté ma mère, t'aurais-je connu?

Le soleil vingt fois s'était levé, et vingt fois s'était couché! Est-il encore loin, ton village? demanda la femme.

— Nous y arriverons bientôt. Là-bas, tout parle, tout marche. Un village unique au monde.

— Merveilleux! Dire que j'ai failli ne pas connaître un tel lieu! Comme il est bon de patienter, de tenir ferme! Si j'avais écouté mes parents, t'aurais-je connu, nerf de mon cœur...? Oh, quand je reviendrai les voir, je leur parlerai longuement, en détail, de ton village unique au monde.

— Garde-toi de le faire. Dans mon village personne ne doit parler.

— Pourquoi?

— Nous ne voulons pas attirer sur nous l'attention des gens; un pays où le sable° est de poudre d'or susciterait trop de guerres. *sand*

— Tu as raison. Et le jour de mon retour, j'en rapporterai tant que mes parents en seront éblouis.

— Arrivons d'abord, ensuite nous parlerons de retour.

— Tu as raison, mon mari, répondit la femme qui marchait toujours en tête.

Le soleil s'était levé plus de trente fois et plus de trente fois s'était couché, et ils marchaient toujours.

Sous un acajou°, l'homme laissa tomber un bras. C'était une branche prise à cet arbre. *mahogany tree*

Près d'un ezobé, il laissa tomber l'autre bras. C'était une autre branche. Au bord d'un fleuve, parmi les palétuviers°, un pied disparut. Ils marchaient toujours, la femme toujours en tête, heureuse d'avoir eu l'époux qu'elle voulait par caprice et obstination. *mangroves*

Dans une forêt, le second pied, redevenu liane°, s'enroula autour d'un énorme dabéma. Le vent, sur une montagne, arracha les cheveux. À une termitière, l'homme se défit de° son tronc. *creeper* / *se défaire de: to part with*

Et quand, au soir du quarantième jour de marche, ils furent dans les environs du village de l'homme, de l'époux, il ne restait qu'une tête qui roulait derrière Cocoh. Cocoh tourna alors la tête et ne vit qu'un crâne° qui roulait derrière elle en faisant un bruit étrange. *skull*

Elle voulut se sauver, mais de tous les côtés surgirent d'autres crânes qui l'obligèrent à avancer. Elle comprit alors, mais trop tard, pourquoi sa maman l'avait tant suppliée° de prendre pour époux un homme que l'on connaissait. Elle voulut appeler, mais qui appeler dans ce pays de têtes menaçantes? Crier, mais où arriverait sa petite voix éteinte° par la frayeur°? La gorge sèche, des sueurs° dans le dos, elle allait, encadrée par° des rangées° de têtes qui étaient des diables commandés par son mari. *supplier: to beg* / *silenced* / *terror / sweat /* encadré par: *surrounded by* / rows

Quand ils furent arrivés au village, un village de grottes, l'époux la remit à une vieille femme, à charge de l'engraisser° pour la livrer° ensuite aux fauves° que les diables élevaient. Chaque matin, «l'époux-crâne» venait constater l'embonpoint° de Cocoh que la vieille femme avait prise en amitié. Plus d'une fois, elle avait réussi à faire remettre° la date fatidique°. Enfin, un jour, le diable décida sans recours° que Cocoh serait livrée le lendemain matin en pâture aux fauves pour la punir de son fol orgueil°. La vieille femme qui était non seulement diablesse, mais aussi très versée dans les pratiques magiques, ce qui lui permettait de tenir les autres diables en respect, appela Toucan, son messager, et lui dit en chantant: *engraisser: to fatten up* / livrer: *to hand over* / *wildcats / weight* / remettre: *to put off* / *fateful /* sans recours: *with no way out / pride*

«Toucan, tes plumes sont jolies.
Ne les donne à personne.
Toucan, tes plumes sont jolies.
Ne les donne à personne.»

— Mes plumes sont jolies? Je ne les donnerai à personne. Parle, j'écoute.

Elle lui conta l'aventure de Cocoh, que le Toucan écouta attentivement. À la fin, elle lui dit:

— Tu vas emporter° cette jeune fille chez ses parents.   emporter: *to take away*

— Où dois-je la placer?

— Sur tes plumes.

— Sur quelles plumes?

— Sur les plumes de ton dos.

Et Toucan prit la jeune fille et lourdement° monta, monta en chantant: *heavily*

«Je la transporterai jusqu'au marché
Au marché où elle se maria au diable
Sous l'arbre où vola en éclats la petite calebasse.
Je la transporterai jusqu'au village
Et la déposerai sur le toit de ses parents!»

Toucan ramena d'une traite° Cocoh chez elle où ses parents furent très   d'une traite: *at one go*
heureux de la revoir. À chacun, dans le village, elle conta son aventure que
chaque maman redit ensuite à sa fille. Des gens vinrent de plusieurs vil-
lages pour écouter le récit des aventures de Cocoh. Toucan, comblé de°   comblé de: *laden with*
cadeaux, retourna au pays des diables.

Cocoh, enfin revenue de son émotion, après avoir remercié le ciel et la
terre de l'avoir sauvée d'une mort certaine, accepta pour époux le premier
homme que sa mère lui présenta.

Le Coq chantait toujours: «Cocoh est belle-hô-coh!» mais Cocoh semblait ne plus entendre ce chant. La Brise accourait pour la caresser, la Nuit
sortait toutes ses lampes pour l'éclairer. Cocoh ne prêtait plus attention
à° tout cela. Devenue une enfant humble et obéissante°, elle fut une   prêter attention à: *to pay*
épouse modèle.   *attention to / obedient*

C'est depuis la terrible aventure de Cocoh que les jeunes filles n'imposent plus d'épreuves pour se choisir un époux.

Après tout

Que sais-je?

Indiquez, dans chaque série, la phrase qui est correcte dans le contexte du conte.

1. a. Cocoh était d'une beauté exceptionnelle.
   b. Cocoh était d'une bonté exceptionnelle.
2. a. Les animaux nous comprennent.
   b. Nous comprenons les animaux.
3. a. On dit que les coqs sont morts dans une épidémie.
   b. On dit que l'épidémie est morte de honte.
4. a. Cocoh porte une calebasse sur la tête.
   b. Cocoh porte de l'eau dans une calebasse.
5. a. Cocoh a le regard vraiment magique.
   b. Cocoh a le regard sombre et boudeur.
6. a. Le Géant est fou de sa victoire.
   b. Cocoh est folle de sa victoire.
7. a. Cocoh marche en tête.
   b. Cocoh marche sur la tête.
8. a. La vieille femme remet la date fatidique.
   b. La vieille femme avance la date fatidique.
9. a. C'est un Perroquet qui ramène Cocoh.
   b. C'est un Toucan qui ramène Cocoh.
10. a. Cocoh devient humble et obéissante.
    b. Cocoh devient honteuse et orgueilleuse.

De temps en temps

A. Puisque le passage du temps dans le récit correspond en grande partie au développement du caractère de Cocoh, mettez les phrases ci-dessous, qui traitent tous des rapports entre la fille et la mère, dans l'ordre chronologique.

_____ Cocoh eut à peine le temps de dire au revoir à ses parents et d'écouter les derniers conseils de sa maman.

_____ Ah, si j'avais écouté ma mère, t'aurais-je connu?

_____ Elle comprit alors, mais trop tard, pourquoi sa maman l'avait tant suppliée de prendre pour époux un homme que l'on connaissait.

_____ — À chacun, dans le village, elle conta son aventure que chaque maman redit ensuite à sa fille.

_____ Cocoh, éblouie, ensorcelée, rabroua sa mère qui revint cependant à la charge parce que son cœur de mère lui répétait sans cesse: «Cet être n'est pas un homme!».

B. Pour comprendre dans quelle mesure le développement du récit suit un temps cyclique, indiquez d'abord si l'événement se situe dans le cycle du jour ou de la saison.

1. Elle commençait avec le lever du soleil pour se terminer au coucher. Jour _____ Saison_____

2. Puis vinrent les pluies torrentielles qui firent crouler les cases, déborder les fleuves. Jour _____ Saison_____

3. Les dattes et les prunes avaient produit plus de dix fois, la grande période de pêche était revenue plus de vingt fois. Jour _____ Saison_____

4. Le soleil s'était levé plus de trente fois et plus de trente fois s'était couché et ils marchaient toujours. Jour _____ Saison_____

5. Enfin, un jour, le diable décida sans recours que Cocoh serait livrée le lendemain matin en pâture aux fauves pour la punir de son fol orgueil. Jour _____ Saison_____

C. Mettez dans le blanc le numéro de la phrase qui correspond à chaque événement narratif.

_____ l'attente

_____ la désolation

_____ l'épreuve

_____ la marche

_____ la punition

Chasse aux trésors

A. Le voyage de Cocoh vers le pays des diables ressemble beaucoup au voyage de Hansel et Gretel dans la forêt. Retracez le chemin de Cocoh et retrouvez dans *La jeune fille difficile* la phrase qui rappelle chaque étape du récit de Hansel et Gretel que vous trouverez en résumé ci-dessous.

1. Hansel et Gretel se mettent en route pour la forêt.

   _____

2. Ils n'acceptent pas les conseils de leurs parents.

   _____

3. On interdit à Hansel de s'arrêter.

   _____

4. On lui interdit de regarder en arrière.

   _____

5. Hansel et Gretel marchent pendant longtemps.

   _____

6. Ils arrivent au plus profond de la forêt.

   _____

7. Ils voient une maison fabuleuse.

   _____

8. Une vieille dame les attrape.

   _____

9. Elle enferme Hansel pour l'engraisser.

   _____

10. Hansel a beau crier; cela ne sert à rien.

    _____

11. Gretel réussit à remettre la date de la mort de son frère.

    _____

12. La sorcière décide de ne pas attendre plus longtemps.

    _____

13. Hansel et Gretel trompent la sorcière et s'enfuient, comblés de perles et de diamants.

    _____

14. Ils se mettent à califourchon sur un oiseau blanc qui les ramène chez leurs parents.

    _____

15. Ils vivent heureux jusqu'à la fin de leurs jours.

    _____

B. Quelles sont les différences entre les deux récits?

A.   Basant votre portrait sur l'apparance physique de Cocoh et de son époux et sur leurs traits de caractère, écrivez dans les cercles ci-dessous une liste des qualités et des défauts des deux personnages. Mettez dans l'intersection des deux cercles les traits que Cocoh et son époux ont en commun.

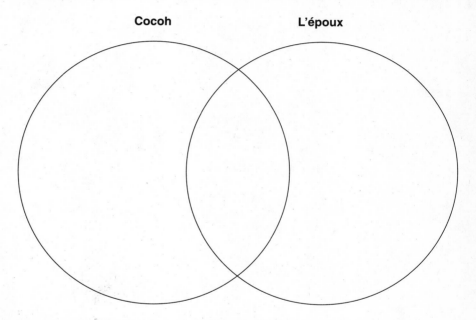

Cocoh   L'époux

B. En quoi l'époux répond-il à l'exigence de Cocoh qui demande un mari digne d'elle? Justifiez votre réponse.

Autrement dit

Formez des groupes de trois ou quatre personnes pour discuter en français les questions suivantes.

1. « — Et pourquoi une calebasse sur la tête?» Répondez à la question de la mère de Cocoh en essayant de découvrir le secret de sa fille.
2. Quelle est la signification du terme «époux-crâne»?
3. Les parents de Cocoh auraient-ils dû refuser de laisser partir leur fille?

Composons!

Écrivez en français une dissertation de 500 mots sur les sujets suivants.

Consider *Vocabulex* on page 175 and *Autrement dit,* Question 3, on page 189.

Consider *De temps en temps* on page 186.

Remember *Dans le milieu* on page 178.

1. Cocoh a bien mérité sa punition. Discutez.
2. Les éléments magiques servent-ils à intensifier ou à diminuer la tension narrative du récit?
3. Tracez le développement du caractère de Cocoh.
4. Étudiez les qualités essentiellement orales du conte.

12

Schizophrénie linguistique

Jean Arceneaux

ÉTATS-UNIS

Jean Arceneaux lutte depuis des années contre l'injustice d'une société qu'il ne croit bilingue que de nom. Passionné par la vie et la littérature des Acadiens en Louisiane, il écrit ses poèmes en pleine connaissance de cause et essaie, en les écrivant, d'exprimer la beauté et la rage d'une société minoritaire.

Schizophrénie linguistique, tiré du recueil *Cris sur le Bayou* (Naissance d'une poésie acadienne en Louisiane), publié en 1980 à Montréal par Les Éditions Intermède Inc., raconte le malaise ressenti par un peuple en voie d'assimilation. Écrit en français et en anglais, le poème exprime par sa forme les symptômes de ce malaise, ses illusions, ses émotions et son isolement fondamental.

Avant tout

Vocabulex

En anglais, comme en français, un mot peut avoir plusieurs sens et c'est cette pluralité de sens possibles qui donne au mot sa richesse poétique. Dans la phrase *I will not speak French on the school grounds*, par exemple, le mot *grounds* a un sens évident dans le contexte de la phrase donnée et plusieurs connotations moins évidentes dont *grounds for appeal, grounds for divorce* et, encore moins évidemment, *coffee grounds*! Les connotations d'un mot ne sont pas nécessairement les mêmes pour tout le monde.

A. Les mots anglais et français que vous trouverez ci-dessous sont tous tirés de *Schizophrénie linguistique*. Parmi tous les sens possibles de ces mots, quel serait, à votre avis, le sens le plus probable dans le contexte de ce poème?

1. bill _____
2. étranger _____
3. mind _____
4. poor _____
5. sacré _____

B. En lisant *Schizophrénie linguistique*, référez-vous aux mots de cette liste pour en changer le sens si le contexte du poème l'exige.

Vocabulex

A. Parcourez rapidement le poème aux pages 195–196 pour trouver le mot apparenté français de chacun des mots suivants.

1. American _____
2. authority _____
3. Cajun _____
4. language _____
5. stranger _____

B. Faites l'une des activités ci-dessous.

1. Si vous connaissez le *Cajun Man* de l'émission «Saturday Night Live», inventez un bref dialogue en français, basé sur les mots français de la liste ci-dessus et présentez-le devant la classe.
2. Écrivez en français un bulletin d'informations basé sur les mots de la liste ci-dessus et présentez-le devant la classe.

Idéogrammes

Dessinez une carte sémantique pour illustrer chacun des thèmes suivants. Vous trouverez à la page 8 le modèle d'une carte sémantique.

1. la langue
2. la culture américaine

De grand style

A. La schizophrénie implique une rupture fondamentale au niveau de la pensée; la linguistique a trait à la langue. La «schizophrénie linguistique» entraîne-t-elle donc aussi l'opposition entre une pensée en crise et la langue qui l'exprime? Soulignez parmi les adjectifs ci-dessous ceux qui décriraient, à votre avis, le style du poème intitulé *Schizophrénie linguistique*.

cauchemardesque	détaché	inflammatoire
conscient	émotif	lucide
déséquilibré	engagé	obsessif
désinvolte	fragile	raisonné
désorganisé	illogique	répétitif

B. Expliquez comment et pourquoi vous avez fait votre choix.

Dans le milieu

Your own culture is all around you. Keep it in mind as you read in French and keep your French in mind when you're outside of class. The more aware you are as a reader, the more you'll find to interest you.

A. 1. Trouvez dans des journaux ou dans des magazines des slogans publicitaires ou autres qui traitent des problèmes du bilinguisme.
2. Faites un collage des slogans que vous avez trouvés.

B. 1. Trouvez dans des catalogues, des journaux ou des magazines, des photos qui, à votre avis, représentent des aspects de la culture américaine.
2. Faites un collage des photos que vous avez trouvées.

C. 1. Trouvez dans des journaux ou des magazines ou prenez vous-même des photos de slogans ou de panneaux bilingues.
2. Faites un collage des photos que vous avez trouvées.

Autrement dit

Formez des groupes de trois ou quatre personnes pour discuter en français les sujets suivants. Avant de commencer, améliorez vos connaissances en vocabulaire en faisant l'exercice suivant.

A. Vous trouverez ci-dessous dix mots apparentés qui vous seront peut-être utiles au cours de votre discussion. Assurez-vous d'avoir bien compris le sens de ces mots en écrivant dans le blanc l'équivalent anglais de chaque mot.

1. aliéner *(vt)* _____

2. bilingue *(a)* _____

3. maladie *(nf)* _____

4. mental *(a)* _____

5. psychose *(nf)* _____

6. psychotique *(a)* _____

7. punir *(vt)* _____

8. punition *(nf)* _____

9. réel *(a)* _____

10. social *(a)* _____

B. Au cours de votre discussion, remplissez les blancs suivants en notant dix mots français que vous aurez appris en discutant, ainsi que l'équivalent anglais de chaque mot. Référez-vous aussi à ces listes en faisant votre essai à la fin du chapitre (p. 201).

1. _____ _____

2. _____ _____

3. _____ _____

4. _____ _____

5. _____ _____

6. _____ _____

7. _____ _____

8. _____ _____

9. _____ _____

10. _____ _____

C. Formez maintenant des groupes de trois ou quatre personnes et discutez en français les questions suivantes. Comparez ensuite vos réponses à celles des autres étudiant(e)s dans la classe. Êtes-vous d'accord?

1. Vous a-t-on jamais donné, à l'école, du temps de retenue? Pourquoi et à quel effet?
2. Que pensez-vous du bilinguisme dans les écoles? Dans la société?
3. Qu'est-ce que la schizophrénie?

Schizophrénie linguistique

I will not speak French on the school
   grounds.
I will not speak French on the school
   grounds.
5   I will not speak French...
I will not speak French...
I will not speak French...
Hé! Ils sont pas bêtes, ces salauds°.   *bastards*
Après mille fois, ça commence à pénétrer
10   Dans n'importe quel esprit.
Ça fait mal; ça fait honte;
Puis là, ça fait plus mal.
Ça devient automatique,
Et on speak pas French on the school
15   grounds
Et ni anywhere else non plus.
Jamais avec des étrangers.
On sait jamais qui a l'autorité
De faire écrire ces sacrées° lignes   *damned*
20   À n'importe quel âge.

Surtout pas avec les enfants.
Faut jamais que eux, ils passent leur temps
   de recess
À écrire ces sacrées lignes.
25   Faut pas qu'ils aient besoin d'écrire ça
Parce qu'il faut pas qu'ils parlent français
   du tout.
Ça laisse voir qu'on est rien que des
   Cadiens.
30   Don't mind us, we're just poor coonasses.
Basse classe, faut cacher ça.
Faut dépasser° ça.   dépasser: *to get past*
Faut parler anglais.
Faut regarder la télévision en anglais.
35   Faut écouter la radio en anglais.
Comme de bons Américains.
Why not just go ahead and learn English.
Don't fight it. It's much easier anyway.
No bilingual bills, no bilingual publicity.
40   No danger of internal frontiers.
Enseignez l'anglais aux enfants,
Rendez-les tout le long,
Tout le long jusqu'aux discos,
Jusqu'au Million Dollar Man.
45   On a pas réellement besoin de parler
français quand même°.   quand même: *all the*
C'est les États-Unis ici,   *same*
Land of the free.
On restera toujours rien que des poor
50   coonasses.
Coonass. Non, non. Ça gêne pas.
C'est juste un petit nom.
Ça veut rien dire.
C'est pour s'amuser. Ça gêne pas.
55   On aime ça. C'est cute.
Ça nous fait pas fâchés.
Ça nous fait rire.
Mais quand on doit rire, c'est en quelle
   langue qu'on rit?
60   Et pour pleurer, c'est en quelle langue
   qu'on pleure?
Et pour crier?
Et chanter?
Et aimer?
65   Et vivre?

Après tout

Que sais-je?

Répondez brièvement aux questions suivantes.

1. Qui à écrit *Schizophrénie linguistique?* D'où vient-il?

   _____

   _____

2. Dans la phrase, «Ils sont pas bêtes, ces salauds.», qui sont «ces salauds»?

   _____

3. Pourquoi ne faut-il jamais parler français «avec des étrangers»?

   _____

   _____

4. Qu'est-ce que c'est qu'un «Cadien»?

_____

_____

5. Qu'est-ce que c'est qu'un «coonass»?

_____

_____

6. Nommez trois choses qu'il faut faire «en anglais./Comme de bons Américains.»

_____

_____

7. Nommez trois choses qui n'existeraient pas dans un pays unilingue.

_____

_____

8. Comment les Cadiens réagissent-ils au terme «coonass»?

_____

_____

9. Le poète pose une question qui dérive du vers «Ça nous fait rire.». Laquelle?

_____

10. Quand le poème a-t-il été écrit?

_____

Vocabulex

A. Traduisez en français les phrases suivantes.

1. I will not speak French on the school grounds.

_____

2. Don't mind us, we're just poor coonasses.

_____

3. Don't fight it. It's much easier anyway.

_____

4. No bilingual bills. No bilingual publicity.

_____

5. Land of the free.

_____

B.   Ayant fait tous vos efforts pour traduire les phrases ci-dessus en une langue qui vous est étrangère, vous êtes sans doute conscient(e) des problèmes associés à l'apprentissage d'une langue seconde. Seriez-vous donc d'accord avec ceux qui disent: «Why not just go ahead and learn English? Don't fight it. It's much easier anyway.»? Expliquez votre réponse.

Chasse aux trésors

A.   Pour souligner la qualité essentiellement orale du langage dans le poème ainsi que son sentiment de négativité, trouvez dans le poème:

1. Cinq phrases qui laissent tomber le «ne» de l'expression négative «ne... pas».

Modèle: _Ils sont pas bêtes ces salauds._

1. _____
2. _____
3. _____
4. _____
5. _____

2. Cinq phrases dont chacune laisse tomber le «ne» d'une autre expression négative.

Modèle: _Ça veut rien dire._

1. _____
2. _____
3. _____
4. _____
5. _____

B. 1. Quel est l'effet des expressions négatives que vous avez trouvées?

2. Le «ne» caduc est un phénomène essentiellement oral en français. Quels sont les autres aspects du français oral qui se trouvent dans le poème?

De temps en temps

A. Imaginez que vous êtes un journaliste chargé d'évaluer la compétence grammaticale des étudiants bilingues anglais-français. Posez à vos camarades de classe les questions suivantes, basées sur le concept du temps dans le poème, et notez leurs réponses dans le carnet de notes que vous trouverez ci-dessous.

1. Quel est le temps du verbe dans la phrase anglaise suivante: «I will not speak French on the school grounds.»?

   _____

2. Le mot «plus» dans le vers suivant, indique-t-il le temps ou la quantité: «Puis là, ça fait plus mal./Ça devient automatique»?

   _____

3. Indiquez le temps et/ou le mode des trois verbes du vers suivant: «Faut pas qu'ils aient besoin d'écrire ça».

Verbe	Mode	Temps
_____	_____	_____
_____	_____	_____
_____	_____	_____

4. Est-ce juste ou injuste qu'un enfant passe son «temps de recess» à écrire des lignes? Pourquoi?

   _____

   _____

5. Quel est le temps du verbe dans la phrase française suivante: «On ne restera toujours rien que des poor coonasses.»?

   _____

B. Comparez vos réponses à celles de vos camarades de classe.

C. Écrivez en français un article de journal qui présente et qui commente les résultats de vos recherches.

Autrement dit

Formez maintenant des groupes de trois ou quatre personnes et discutez en français les questions suivantes.

1. En quoi l'expression «Land of the free» est-elle ironique dans le contexte du poème?
2. Comment les discos et le «Million Dollar Man» représentent-ils des aspects de la culture anglo-américaine?
3. Dans quelle mesure l'attitude du poète contribue-t-elle à son isolement?
4. Quelle serait votre réponse à la question: «Et pour pleurer, c'est en quelle langue qu'on pleure?»?

Composons!

A. Écrivez en français une dissertation de 500 mots sur l'un des sujets suivants.

1. Comparez et contrastez le contexte social du poème en 1978 et aujourd'hui.
2. Faites une comparaison de *Schizophrénie linguistique* et de *Speak White* de l'écrivaine québécoise Michèle Lalonde.
3. Comment et dans quelle mesure le poème présente-t-il des symptômes de la schizophrénie telle que la décrit la médecine?

See *De grand style* on page 193, and *Autrement dit,* Question 3, on page 195.

B. Essayez l'un de ces sujets plutôt créateurs:

Consider *Idéogrammes,* Question 2, on page 193, and *Autrement dit,* Question 2, above.

1. Récrivez le poème en français standard pour ensuite expliquer comment et dans quelle mesure les changements que vous avez faits renforcent ou diluent le message du poème.
2. Récrivez le poème d'une perspective anglophone.

Liens affectifs

Le défi

La thème du défi est fondamental dans les trois textes de cette section, mais d'autres thèmes et d'autres images s'y entrecroisent aussi. Pour explorer un peu plus profondément ce réseau intertextuel, écrivez en français une dissertation de 750 mots sur l'un des sujets suivants.

1. Définissez et discutez l'image de la société «blanche» dans *Comme une jeune fille blanche* et *Schizophrénie linguistique*.
2. Discutez comment et en quoi les effets stylistiques de *Comme une jeune fille blanche* et *Schizophrénie linguistique* renforcent le thème de la révolte dans les deux textes.
3. Chacun des trois textes de cette section sous-entend un code culturel bien défini. Comparez le cadre culturel implicite dans ces trois textes.
4. Discutez dans quelle mesure le caractère de la jeune fille dans *Comme une jeune fille blanche* et *La jeune fille difficile* détermine son sort.
5. Étudiez le thème de la maladie mentale dans *Comme une jeune fille blanche* et *Schizophrénie linguistique*.

13 *Lettre blanche*

Anne Bragance

Anne Bragance est une romancière française qui a publié, en 1978, *Changement de Cavalière,* un recueil de treize nouvelles parmi lesquelles se trouve sa douce et tendre *Lettre blanche.*

Une lettre d'amour dans le sens le plus large du terme, *Lettre blanche* tourne sur deux axes, celui de l'acte d'écrire et celui du mariage, avec tout ce que cela implique de banal et d'intime. Nous participons, dans *Lettre blanche,* à une journée dans la vie de Claude Verrier, qui part à la recherche d'un stylo et qui finit par retrouver la fille qu'il croyait avoir déjà perdue.

Madame et Monsieur Claude Verrier sont heureux de vous annoncer le mariage de leur fille Catherine et vous prient...

Avant tout

Dans le milieu

Regardez la carte d'invitation à la page 205 et faites ensuite l'un des exercices suivants.

A. Si vous avez vu le film américain *Father of the Bride* (ou sa version doublée, «Le père de la mariée»), écrivez en français dans l'espace blanc ci-dessous le carton d'invitation de la famille Banks (le père, Georges, la mère, Nina, et la fille, Annie, qui se marie avec Brian Mackenzie).

B. Si vous n'avez pas vu *Father of the Bride,* écrivez en français dans l'espace blanc ci-dessous une carte d'invitation pour le mariage d'une vedette de cinéma ou de sport. Inventez des détails, si nécessaire.

Idéogramme

Dessinez une carte sémantique pour illustrer chacun des thèmes suivants.
Vous trouverez à la page 8 le modèle d'une carte sémantique.

1. le mariage
2. le courrier
3. l'écriture
4. la vie privée

Vocabulex

Le narrateur de *Lettre blanche* passe une journée entière à essayer de répondre à trois lettres égarées parmi l'amas d'invitations et de cadeaux occasionnés par le mariage de sa fille. Les mots ci-dessous sont tous tirés de *Lettre blanche*. Choisissez les dix mots qui vous semblent être les plus utiles et mettez-les dans des phrases afin de pouvoir expliquer comment écrire une lettre. Une première étape vous est suggérée comme modèle. Gardez-la ou recommencez, à votre guise, mais n'oubliez pas de vous limiter à dix étapes.

lettre	page	écrire	lire
papier	adresser	enveloppe	adresser
feuille	poster	auteur	destinataire
courrier	écriture	feuillet	stylo

La lettre: mode d'emploi

Modèle: *Prenez un stylo.*

1. _____
2. _____
3. _____
4. _____
5. _____
6. _____
7. _____
8. _____
9. _____
10. _____

De grand style

A. *Lettre blanche* se passe dans l'espace d'une journée et vous verrez, en lisant le texte, que l'espace et le temps y sont étroitement liés. Pour vous préparer à lire le texte, choisissez, parmi les mots de la liste ci-dessous, ceux qui expriment toujours une relation temporelle, ceux qui indiquent toujours une relation spatiale et ceux qui pourraient indiquer l'une ou l'autre, selon le cas.

alors	en train de	où	partout
au bout de	jusqu'à	parmi	toujours
au fond de	jusque dans		

Temps	Temps ou espace	Espace
_____	_____	_____
_____	_____	_____
_____	_____	_____

B . Écrivez, pour chaque mot de la deuxième colonne, deux phrases dont l'une en illustre le sens temporel et l'autre, le sens spatial.

1. a. _____
   b. _____
2. a. _____
   b. _____
3. a. _____
   b. _____
4. a. _____
   b. _____
5. a. _____
   b. _____

Dans le milieu

Divisez la classe en deux groupes et préparez un débat sur l'une des résolutions suivantes.

1. La cérémonie du mariage est une coutume inutile et excessive.
2. L'honnêteté à tout prix n'apporte que le malheur.
3. La lettre est une forme de communication démodée.
4. La promesse de mariage est un vœu irrévocable.
5. Tout remettre au lendemain, c'est tout résoudre.

Autrement dit

Formez des groupes de trois ou quatre personnes pour discuter en français les sujets suivants. Avant de commencer, améliorez vos connaissances en vocabulaire en faisant l'exercice suivant.

A . Vous trouverez ci-dessous dix mots apparentés qui vous seront peut-être utiles au cours de votre discussion. Assurez-vous d'avoir bien compris le sens de ces mots en écrivant dans le blanc l'équivalent anglais de chaque mot.

1. civil *(a)* _____
2. délicat *(a)* _____
3. nuptial *(a)* _____

4. obligation *(nf)*   _____

5. permission *(nf)*   _____

6. privé *(a)*   _____

7. promesse *(nf)*   _____

8. promettre *(vt)*   _____

9. sacrement *(nm)*   _____

10. trousseau *(nm)*   _____

B. Au cours de votre discussion, remplissez les blancs suivants en notant dix mots français que vous aurez appris en discutant, ainsi que l'équivalent anglais de chaque mot. Référez-vous aussi à ces listes en faisant votre essai à la fin du chapitre (p. 220).

1. _____   _____

2. _____   _____

3. _____   _____

4. _____   _____

5. _____   _____

6. _____   _____

7. _____   _____

8. _____   _____

9. _____   _____

10. _____   _____

C. Formez maintenant des groupes de trois ou quatre personnes et discutez en français les questions suivantes. Comparez ensuite vos réponses à celles des autres étudiant(e)s dans la classe. Êtes-vous d'accord?

1. Liriez-vous une lettre qui ne vous était pas adressée? Discutez.
2. Que feriez-vous si vous receviez cinq ou six cadeaux de mariage identiques.
3. Entreriez-vous dans la chambre de votre fils, de votre fille ou de votre camarade de chambre sans qu'il (elle) le sache? Pourquoi ou pourquoi pas?
4. Prendriez-vous une décision importante sans consulter votre famille? Laquelle? Lesquelles?
5. Si on rompt ses fiançailles, doit-on aussi retourner ses cadeaux de mariage?

Lettre blanche

Ce matin, je me suis levé, je me suis dit: «Tu vas écrire à tes amis.» Euh... Leur répondre serait plus juste. Et pour être tout à fait franc, lire leurs lettres et y répondre serait encore plus près de la vérité. Voilà ce que je me suis dit.

Les trois lettres étaient quelque part° sur ma table, non décachetées°, depuis des jours. Je ne vais pas chercher d'excuse mais elles viennent sans qu'on les cherche dans ces cas-là. J'avais eu un reportage à fignoler° et là-dessus le raz de marée° des cartes d'invitation, des messages, des félicitations avait déferlé° sur mon bureau, l'avait mis sens dessus dessous°. L'ennui c'est que les lettres de mes amis se retrouvaient plutôt dessous. Et maintenant que je m'avançais vers elles avec l'inflexible détermination d'un brise-glace°, elles étaient là à m'attendre, toutes les trois. Oui, parce que des amis, je n'en ai pas des dizaines et je me méfie des° gens qui vous parlent de leur tas° d'amis comme on parle du tas de tuiles° entreposées° dans la cour° au cas où le vent en emporterait° une et qu'il faudrait la remplacer. Moi j'en ai seulement trois, ce sont des amis de vieille date, et vous ne pouvez pas vous tromper, c'est comme le Grand Chariot, quand vous tenez les Gardes dans la mire, les autres sont derrière même si vous ne les distinguez pas, et le Grand Chariot, on n'imagine pas le ciel sans.

On ne marie pas sa fille tous les jours et ce matin j'étais un homme sur le point de marier sa fille, d'où les cartons d'invitation, les carnets d'adresses°, l'agitation de circonstance et les cadeaux entassés° un peu partout dans la maison. Depuis une quinzaine de jours vous aviez là cinq ou six horloges qui vous donnaient l'heure sans songer° à se concerter, à moins qu'elles ne le fissent délibérément par esprit de compétition, et des objets divers dont je me demandais longtemps à quel usage ils pouvaient bien être destinés. Et je ne compte pas ceux dont la hideur passait de loin tout ce qu'on est amené à imaginer dans les moments de pire° dépression. Cadeaux de mariage.

J'avais plus ou moins réussi à dégager° mon coin de ce fatras° et je regardais donc ces lettres maintenant bien en vue sur ma table après cette opération de nettoyage. Et devant elles soudain je me suis senti bien coupable°, bien négligent. Je les ai prises l'une après l'autre, je les ai regardées de profil, c'est toujours comme ça que je procède, c'est une sorte de pré-lecture qui m'apprend l'essentiel de ce que je vais savoir. Si l'enveloppe de Pierre est épaisse°, bien nourrie de feuillets bien pliés, je sais que je n'ai pas de souci à me faire pour lui, sinon c'est le style télégraphique. Hervé réagit exactement à l'inverse: la légèreté de ses lettres et leur laconisme me rassurent immédiatement sur son équilibre. Quant à Simon, il n'écrit jamais plus de deux pages, c'est toujours OK avec lui. Ce garçon a la grâce, je ne peux pas mieux dire.

quelque part: *somewhere* / *opened*

fignoler: *to finish up*

raz de marée: *tidal wave*

déferler: *to unfurl* / sens dessus dessous: *topsy turvy*

icebreaker

se méfier de: *to distrust*

pile / tiles / stored

yard / emporter: *to carry away*

address books / piled

songer: *to dream*

worst

dégager: *to clear / mess*

guilty

thick

Ces manipulations et auscultations liminaires° m'ont quand même mené jusqu'à neuf heures et là j'ai remarqué que je n'avais pas encore posé mes fesses sur la chaise, devant le bloc qui avait l'air de vouloir m'en imposer avec sa grande face blafarde°. À vrai dire, je n'avais pas tellement envie d'écrire à mes amis. Il était facile de glisser° le raide° carton de l'imprimeur° avec sa formule conventionnelle: *Madame et Monsieur Claude Verrier sont heureux de vous annoncer le mariage de leur fille Catherine et vous prient*... Mais justement c'était trop facile et ça ne convenait pas. Ça ne me convenait pas et, par suite, ça ne leur conviendrait pas du tout. En outre je craignais de m'égarer° dans des spéculations philosophiques et lamentables si j'entreprenais de coucher sur feuille mes états d'âme du moment. Un type qui marie sa fille prend un coup de vieux, personne n'osera° contester ça. Ce que je voulais, en fait, c'est qu'ils soient là et qu'ils me remettent en prise sur° l'avenir s'il m'arrivait de faiblir au moment crucial, eux qui savent par cœur le conducteur qui me convient, et la meilleure connexion... Bref, j'avais besoin d'un branchement° direct sur le circuit familier de leurs yeux, de leurs mots, de toute l'expression d'une vieille complicité garçonne pour fonctionner comme on s'attendait que je fonctionne ce jour-là.

«Catherine se marie. Dégage ta journée, il faut que tu sois là.»

Quand j'ai su que c'était là ce que je voulais écrire et rien d'autre, je me suis aperçu qu'il n'y avait pas de stylo sur ma table.

Trois heures de l'après-midi et toujours impossible de mettre la main sur de quoi écrire dans cette maison. J'ai commencé par appeler les autres à la rescousse° mais vous savez ce que c'est, chacun ici avait son chat à fouetter° avec les préparatifs, les essayages, les appels téléphoniques, et je me suis bien rendu compte de quoi j'avais l'air à réclamer si lourdement° un stylo dans une maison où la fille se marie.

J'en étais réduit à me débrouiller° tout seul. J'ai cherché partout, entre les piles de draps dans les armoires, parmi les couverts de la cuisine, au fond de toutes les poches qui se présentaient et jusque dans les abysses de mon tiroir° à chaussettes.

Au bout de ces recherches infructueuses, excédé, découragé, je suis entré dans le royaume de ma fille, je veux dire son défouloir. C'est un cabinet assez vaste, bien éclairé, contigu à sa chambre. L'aspect du défouloir a subi° des transformations successives et fort significatives au cours des années. Enfant, Catherine y entretenait une compagnie de poupées débraillées° et pitoyables, y massacrait toute une faune d'animaux en peluche, y mimait la maman, l'institutrice, l'épicière. Les murs étaient couverts de ses grands dessins puissants et maladroits. Elle y jouait. Puis, peu à peu les photos d'idoles se sont mises à remplacer les dessins sur les murs, elle invitait des camarades qui entraient en transe avec elle sur des airs de musique pop. C'est à peu près à cette époque que j'ai découvert les boules Quiès° et reconnu leur mérite: elles me protégeaient des échos frénétiques qui parvenaient jusqu'à mon bureau.

---

introductory

pale
glisser: *to slip* / *stiff*
printer

s'égarer: *to stray*

oser: *to dare*

en prise sur: *in contact with*
connection

appeler à la rescousse: *to call for help* / avoir d'autres chats à fouetter: *to have other fish to fry* / *heavily* / se débrouiller: *to manage*

drawer

subir: *to undergo*

sloppy

boules Quiès: *earplugs*

Maintenant que j'étais assis là, je découvrais en regardant autour de moi que l'époque du défouloir était elle-même complètement révolue°. Le terme de boudoir, ou peut-être de rêvoir était celui qui convenait le mieux à cette pièce dorénavant° et je me surprenais à y rêver moi-même. J'étais en train de comprendre que cet endroit, tout autant que les modifications de son visage ou de son corps, avait signalé les différentes étapes de la vie de ma fille et j'éprouvais une nostalgie terrible et idiote de ses états antérieurs. Je regrettais les joyeux désordres, les bonbons à moitié sucés qui vous collaient aux semelles° si vous vous hasardiez dans la pièce et même les flots de sonorités hystériques qui perturbaient mon travail et dont je me plaignais alors.

Incontestablement l'ordre régnait ici, avec dans l'ambiance ce rien de préciosité et de mystère que sait si bien créer une jeune fille autour d'elle. Et tout à coup je compris que cette impression d'ordre était donnée surtout par le demi-abandon où se trouvait déjà cet endroit. Catherine avait commencé à déménager; chaque jour elle transportait quelques affaires dans le petit studio où elle irait vivre avec son mari, et le rêvoir se vidait°. Alors je le vis. Il y avait trop d'ordre pour que je ne visse pas le seul papier qui traînait par terre. Je le vis, me baissai et le ramassai. Je ne sais pas pourquoi j'agissais ainsi et ce que j'espérais trouver, ni même si j'espérais trouver quelque chose en cet instant. En tout cas j'avais complètement oublié le stylo.

C'était une lettre et je me suis mis à la lire, je ne sais pas pourquoi, moi qui n'ai jamais failli à cette règle de respecter un courrier qui ne m'est pas adressé. Je me suis mis à lire comme ça et je me suis mis à apprendre que ma fille s'apprêtait à commettre un gâchis° épouvantable, irrémédiable. Quelque chose comme de dire oui à un homme que l'on n'aime pas quand l'homme qu'on aime est devant la mairie.

À certains endroits l'écriture, le style se cassait comme une voix sous le coup d'une trop vive douleur, et moi, je ne sais pas vous dire, j'entendais cette voix et je savais qu'elle avait raison. La lettre datait de trois jours. Je l'ai glissée dans ma poche. Je n'avais toujours pas trouvé de stylo mais maintenant je savais ce que j'allais faire, et pourquoi. Je suis retourné dans mon bureau, j'ai pris une feuille blanche, je l'ai pliée et l'ai mise dans une enveloppe. J'ai fermé l'enveloppe et je suis descendu rejoindre ma famille qui était réunie dans le salon. Justement Catherine allait sortir, elle est venue vers moi:

«Alors papa, tu l'as déniché° ce stylo? Si ton courrier est prêt, profites-en, je sors, je peux te le poster.» Je me suis arrangé pour l'éloigner de sa mère et j'ai répondu assez bas:

«J'ai une lettre à poster en effet, mais je ne connais pas l'adresse du destinaire. Tu pourras peut-être me renseigner» — en même temps je lui montrais ce que j'avais dans la poche — c'est l'auteur de cette lettre.»

Elle n'a pas bronché°. Peut-être ses yeux sont-ils devenus un peu plus grands, un peu plus sombres. Alors je l'ai prise par le bras, doucement, et

in the past

from now on

soles (of shoes)

se vider: to empty

waste

dénicher: to track down

broncher: to flinch

elle a compris que nous devions quitter la pièce le plus naturellement possible. Je l'ai guidée ainsi jusqu'à mon bureau et là, au moment de franchir le seuil°, elle a eu un geste vers les cadeaux amoncelés° comme si soudain il ne s'agissait plus d'objets mais de personnes, juges ou censeurs dressés devant elle, qui lui barraient la route, la contraignaient à prendre une voie contraire à celle vers quoi tout l'élan de son être la portait. Elle ne pouvait plus maîtriser l'événement, elle était traquée°. Je comprenais cela: toute la machinerie familiale et sociale qu'on a mise en branle° par erreur, un peu trop tôt, et qu'on n'ose plus arrêter, et qui vous entraîne malgré vous, je comprenais tout ça, le geste disait tout ça.

franchir le seuil: *to cross the threshold* / *piled*

trapped
en branle: *in motion*

Et soudain j'ai vu la décision se faire au fond de ses yeux. Il est rarement donné de sentir une vie se jouer devant vous dans une seconde: elle se tient en équilibre, et vous voyez venir la secousse° qui ébranle le fil, et vous assistez, littéralement, au renversement dans un sens ou dans l'autre. Déjà c'était fait.

jolt

Catherine s'est dirigée vers le stock de cartons d'invitation, en a pris tout ce que ses mains pouvaient contenir et les a jetés dans les flammes. Elle allait du bureau à la cheminée, elle prenait, elle jetait, la flamme nourrie de tout ce papier jubilait, montait ses tons d'orange, libérait des flammèches qui virevoltaient, retombaient.

Je contemplais cela, fasciné, à l'écart, les bras croisés. C'était fini. Catherine s'est retournée vers moi, elle avait des lueurs sauvages dans les yeux comme s'ils avaient eux-mêmes servi à immoler les cartons d'invitation. Elle s'est arrêtée à trois pas.

«Papa, cette lettre...»

J'ai décroisé les bras, ma main droite a plongé dans ma poche et je lui tendais l'enveloppe mais avant que je comprenne, c'est ma main qu'elle a saisie et la lettre est tombée entre nous. Ma fille me serrait la main, très fort, et c'était bien ça, pendant quelques secondes: ma fille me serrait la main. Puis je me suis effacé devant elle et elle s'en est allée.

Machinalement j'ai ramassé l'enveloppe et je l'ai jetée dans le feu.

Le soir tombe, il me semble que je n'ai rien fait de ma journée. Mais demain est un autre jour. Demain, c'est dit, j'écris à mes vieux amis. Si je trouve un stylo.

Après tout

Try to look at the text that you're reading in terms of a series of turning points or acts which determine the course of the narrative.

Que sais-je?

Remplissez les blancs dans les phrases ci-dessous pour voir si vous avez bien saisi les points tournants de l'intrigue de *Lettre blanche*.

　　1. Ce matin, je me suis levé et je me suis dit: «_____

_____.»

2. On ne marie pas sa fille tous les jours et ce matin j'étais un homme sur le point de _____ .

3. Trois heures de l'après-midi et toujours impossible de mettre la main sur de quoi _____ dans cette maison.

4. Au bout de ces recherches infructueuses, excédé, découragé, je suis entré dans le royaume de ma fille, je veux dire son _____ _____ .

5. Il y avait trop d'ordre pour que je ne visse pas le seul _____ ____ qui traînait par terre.

6. En tout cas j'avais complètement oublié le _____ .

7. Je n'avais toujours pas trouvé de stylo mais maintenant je savais ce que j'allais faire et _____ .

8. Et soudain j'ai vu la _____ se faire au fond de ses yeux.

9. Machinalement j'ai ramassé l'enveloppe et je l'ai jetée dans le _____ .

10. Demain, c'est dit, j'écris à mes vieux amis. Si je trouve un _____ .

Vocabulex

A. Dans un texte si dense et si riche en phrases longues, ce sont parfois les phrases les plus courtes qui sont les plus révélatrices. Traduisez les phrases suivantes.

1. Elle s'est arrêtée à trois pas. _____

   _____

2. Alors je le vis. _____

   _____

3. Elle n'a pas bronché. _____

_____

4. Voilà ce que je me suis dit. _____

_____

5. Leur répondre serait plus juste. _____

_____

B. Soulignez le pronom personnel dans chaque phrase ci-dessus et identifiez ensuite le nom qu'il représente.

1. _____

2. _____

3. _____

4. _____

5. _____

Vocabulex

A. Dans chaque série de mots, chassez l'intrus.

1. branchement   prise   conducteur   fil   tas
2. boule   air   pop   pile   écho   sonorité
3. révolu   renversement   nostalgie   regretter   antérieur
4. flammèche   immoler   entasser   lueur   cheminée
   flamme
5. destinataire   décacheter   amoncelé   courrier   poster   adresse
6. bloc   carton   feuillet   feuille   fatras

B. Donnez un nom à chaque catégorie de mots ci-dessus.

1. _____

2. _____

3. _____

4. _____

5. _____

6. _____

C. Donnez la définition de chaque «intrus» ci-dessus.

1. _____
2. _____
3. _____
4. _____
5. _____
6. _____

D. Les intrus appartiennent tous à une seule catégorie sémantique. Laquelle?

_____

E. L'intrus de la deuxième série de mots appartiendrait à la même catégorie sémantique qu'une autre série de mots si on l'employait dans un sens différent.

1. Quel est ce mot? _____

    _____

2. Quel est son sens dans le texte? _____

    _____

3. Donnez un autre sens de ce mot. _____

    _____

4. À quelle catégorie sémantique appartient-il si on l'emploie dans ce sens-ci? _____

    _____

Chasse aux trésors

Suivez les traces de Claude Verrier lorsqu'il part à la recherche d'un stylo et récupérez dans *Lettre blanche* tous les objets en papier qui lui barrent la route et qui le détournent de son vrai objet. Notez, pour chaque objet, les coordonnées suivantes.

Object	Emplacement	Fonction	Traits distinctifs

De temps en temps

A. À partir de son titre jusqu'à son dernier mot, *Lettre blanche* est orientée par une série d'objets qui sont apparemment en désordre mais qui servent néanmoins à mettre en marche les événements du récit. Mettez donc les séries de substantifs ci-dessous dans l'ordre dans lequel ces objets apparaissent dans la nouvelle.

———— bonbons/boudoir/boules

———— cadeaux/cartons/cheminée

———— conducteur/conduit/connexion

———— pages/pré-lecture/profil

———— seconde/secousse/sens

B. Appariez chaque série de mots à l'un des événements narratifs ci-dessous.

_____ la visite à la chambre

_____ la prise de conscience

_____ la lecture des lettres

_____ l'appel aux amis

_____ la lettre mise au feu

Autrement dit

Formez maintenant des groupes de trois ou quatre personnes et discutez en français les questions suivantes.

1. Pourquoi Claude Verrier a-t-il tardé à répondre aux lettres de ses amis?
2. La fille de Verrier aurait-elle rompu avec son fiancé si son père ne lui en avait pas parlé?
3. Pourquoi Verrier a-t-il mis une feuille blanche dans l'enveloppe?

Composons!

Écrivez en français une dissertation de 500 mots sur l'un des sujets suivants.

Consider *Idéogramme*, Question 1, on page 207.

See *Vocabulex* on page 207, and *Idéogramme*, Question 3, on page 207.

Consider *Autrement dit*, Question 2, above.

1. Étudiez les commentaires de Claude Verrier sur le mariage.
2. Écrivez une lettre à l'un des amis de Verrier le lendemain de la journée décrite dans la nouvelle.
3. Discutez le rôle du stylo dans *Lettre blanche*.
4. Discutez les sentiments de Claude Verrier envers sa fille.

Prendre un enfant

Yves Duteil

Chanteur et poète populaire, Yves Duteil prend sa place parmi les grands troubadours de la France moderne. Ses poèmes sont intimes, impressionnistes et surtout accessibles à un public qui reconnaît en lui le porte-parole de ses propres rêves.

Prendre un enfant, qui date de 1977, est un poème à chanter. Son rythme, ses rimes et son fond de tendresse font du poème l'expression de la nostalgie et de l'espoir de l'enfance.

Avant tout

Vocabulex

Décrivez l'enfant que vous voyez à la page 221. Quels mots ou quelles phrases vous viennent à l'esprit en regardant cette image? Faites une liste de dix mots ou de dix phrases qui décrivent cet enfant et comparez ensuite votre liste à celle d'un(e) camarade de classe.

1. _____   6. _____

2. _____   7. _____

3. _____   8. _____

4. _____   9. _____

5. _____   10. _____

Vocabulex

A. Les substantifs de la liste ci-dessous sont tirés de *Prendre un enfant*. Quel est l'infinitif qui correspond à chaque substantif?

1. amour   _____

2. confiance   _____

3. pas   _____

4. tombée   _____

5. vie   _____

B. Donnez encore l'infinitif qui correspond à chacun des substantifs ci-dessous.

1. chant   _____

2. consolation   _____

3. don   _____

4. prise   _____

5. sécheur   _____

De grand style

A. Avant de lire *Prendre un enfant,* choisissez des mots qui riment avec les mots donnés ci-dessous. L'agencement des rimes, ainsi que le mot sur lequel une rime est basée et les mots qui apparaissent plus d'une fois, vous sont déjà donnés.

1. aabcbccb

   a main

   a _____

   b _____

   c Roi

   b bras

   c fois

   c _____

   b bras

2. ddddbccc

   d cœur

   d _____

   d _____

   d cœur

   b bras

   c fois

   c joie

   c _____

3. aaeefaaaa

   a main

   a _____

   e jour

   e _____

   f vient

   a _____

   a _____

   a main

   a _____

4. f

   f _____

B. Vérifiez, en lisant le poème, si les mots que vous avez choisis sont ceux qu'emploie le poète.

Idéogramme

Dessinez une carte sémantique pour illustrer chacun des thèmes suivants. Vous trouverez à la page 8 le modèle d'une carte sémantique.

1. l'enfance
2. l'espoir
3. l'émotion

Dans le milieu

A. Cherchez dans un journal ou dans un magazine écrit en anglais un article sur un enfant rejeté, abandonné, perdu ou maltraité.

B. Résumez en français l'article que vous avez trouvé.

The social issues raised by a piece of fiction or non-fiction written in French are often comparable to those discussed in the English language media. Awareness of these issues and of their universal relevance will help place textual problems in a larger context.

C. 1. Formez des groupes de trois ou quatre personnes.
2. Présentez aux membres de votre groupe le résumé de l'article que vous avez lu.
3. Travaillez en groupe pour éditer vos articles.
4. Dégagez de vos articles une liste commune des problèmes de l'enfance.
5. Présentez devant la classe une table ronde sur les problèmes de l'enfant dans la société moderne.

Autrement dit

Formez des groupes de trois ou quatre personnes pour discuter en français les sujets suivants. Avant de commencer, améliorez vos connaissances en vocabulaire en faisant l'exercice suivant.

A. Vous trouverez ci-dessous dix mots apparentés qui vous seront peut-être utiles au cours de votre discussion. Assurez-vous d'avoir bien compris le sens de ces mots en écrivant dans le blanc l'équivalent anglais de chaque mot.

1. adoptif (*a*) _____
2. adoption (*nf*) _____

3. crime *(nm)*   _____

4. développement *(nm)*   _____

5. éduquer *(vt)*   _____

6. enfantin *(a)*   _____

7. former *(vt)*   _____

8. génération *(nf)*   _____

9. protéger *(vt)*   _____

10. raisonnable *(a)*   _____

B. Au cours de votre discussion, remplissez les blancs suivants en notant dix mots français que vous aurez appris en discutant, ainsi que l'équivalent anglais de chaque mot. Référez-vous aussi à ces listes en faisant votre essai à la fin du chapitre (p. 231).

1. _____   _____

2. _____   _____

3. _____   _____

4. _____   _____

5. _____   _____

6. _____   _____

7. _____   _____

8. _____   _____

9. _____   _____

10. _____   _____

C. Formez maintenant des groupes de trois ou quatre personnes et discutez en français les questions suivantes. Comparez ensuite vos réponses à celles des autres étudiant(e)s dans la classe. Êtes-vous d'accord?

1. Donneriez-vous à votre enfant une vie parfaite si vous pouviez le faire? Comment?
2. Croyez-vous qu'un enfant ait besoin de deux parents?
3. Vous lèveriez-vous toujours pour soulager un enfant qui pleure pendant la nuit? Pourquoi le feriez-vous ou pourquoi ne le feriez-vous pas? Expliquez.
4. Est-ce que la société moderne vous fait peur? Expliquez votre réponse.
5. Adopteriez-vous un enfant? Pourquoi le feriez-vous ou pourquoi ne le feriez-vous pas? Expliquez.

Prendre un enfant

Prendre un enfant par la main
Pour l'emmener° vers demain   emmener: *to lead*
Pour lui donner la confiance en son pas°   *step*
Prendre un enfant pour un Roi

5   Prendre un enfant dans ses bras
Et pour la première fois
Sécher° ses larmes en étouffant° de joie   sécher: *to dry* / étouffer:
Prendre un enfant dans ses bras   *to stifle*

Prendre un enfant par le cœur
10   Pour soulager° ses malheurs   soulager: *to soothe*
Tout doucement sans parler, sans pudeur°   *shame*
Prendre un enfant sur son cœur
Prendre un enfant dans ses bras
Mais pour la première fois
15   Verser des larmes° en étouffant sa joie   verser des larmes: *to shed*
Prendre un enfant contre soi   *tears*

Prendre un enfant par la main
Et lui chanter des refrains
Pour qu'il s'endorme à la tombée du jour
20   Prendre un enfant par l'amour
Prendre un enfant comme il vient
Et consoler ses chagrins
Vivre sa vie des années puis soudain
Prendre un enfant par la main
25   En regardant tout au bout du chemin

Prendre un enfant pour le sien

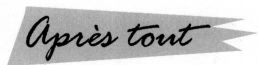

Que sais-je?

Répondez aux questions suivantes.

1. Pourquoi prend-on un enfant par la main?

   _____

2. Pourquoi prend-on un enfant par le cœur?

   _____

3. Que fait-on pour la première fois?

   _____

4. Pourquoi chante-t-on des refrains à un enfant?

_____

5. Quel est le dernier vers du poème? Quel en est le sens?

_____

De temps en temps

A. Il n'y a dans *Prendre un enfant* qu'un seul verbe au présent de l'indicatif, un seul verbe au présent du subjonctif et deux participes présents; tous les autres verbes sont à l'infinitif. Identifiez d'abord, dans le poème, ces quatre formes verbales et écrivez-les dans les blancs ci-dessous.

1. un verbe au présent de l'indicatif: _____

2. un verbe au présent du subjonctif: _____

3. deux participes présents: _____

B. Le poème réussit pourtant à nous donner le sens d'un avenir en attente. Retrouvez dans le poème cinq mots qui servent à nous donner, en l'absence d'un temps verbal bien défini, une ouverture sur l'avenir.

1. _____

2. _____

3. _____

4. _____

5. _____

C. Quel est l'effet global de l'emploi de l'infinitif dans le poème?

Chasse aux trésors

A. À partir de son titre, la phrase "Prendre un enfant" est si souvent répétée dans le poème que l'on risque de ne pas en apprécier la richesse. Pour voir combien elle tient de diversité et d'apport, reportez-vous au poème pour pouvoir compléter la phrase dans tous ses aspects.

Prendre un enfant   comme   1. _____

contre   2. _____

Prendre un enfant   dans   1. _____

par   1. _____

2. _____

pour   1. _____

2. _____

sur   1. _____

B. Pour comprendre encore mieux la subtilité de la phrase poétique, faites l'exercice suivant.

1. Trouvez dans le poème les deux vers qui font écho aux deux vers donnés ci-dessous.
   a. Et pour la première fois
      Sécher ses larmes en étouffant de joie

   b. _____

      _____

2. Expliquez comment et pourquoi les vers que vous avez trouvés sont différents des vers donnés et précisez ce qu'ils ajoutent au sens du poème.

Vocabulex

Les paroles de *Prendre un enfant* sont très simples, mais leur sens est bien plus compliqué. Pour voir comment et dans quelle mesure ces mots très simples peuvent être porteurs de sens, traduisez le poème en anglais en tenant compte du rythme, de la rime, du sens et du style.

_____

_____

_____

_____

_____

_____

_____

_____
_____
_____
_____
_____
_____
_____
_____
_____
_____
_____
_____
_____
_____
_____
_____
_____
_____

Autrement dit

Formez maintenant des groupes de trois ou quatre personnes et discutez en français les questions suivantes.

1. Quel est le rôle de l'adulte tel que le présente *Prendre un enfant?* Êtes-vous d'accord avec cette image de l'adulte par rapport à l'enfant?
2. Croyez-vous qu'il soit bon de «prendre un enfant comme il vient»? Expliquez votre réponse.
3. Accepteriez-vous d'élever un enfant qui n'était pas le vôtre? Seriez-vous prêt(e) à tout sacrifier pour cet enfant?
4. Pleureriez-vous devant votre enfant? Expliquez votre réponse.
5. Croyez-vous que l'amour suffit à un enfant?

Composons!

Écrivez en français une dissertation de 500 mots sur l'un des sujets suivants.

See *Idéogramme,* Question 1, on page 224.

Consider *Vocabulex* on page 229, and *Dans le milieu* on page 224.

1. Discutez le thème de l'enfance dans *Prendre un enfant*.
2. Récrivez le poème en prose.
3. Écrivez un conte enfantin qui explique l'origine du poème.

15 *Entre deux*

Évelyne Accad

Entre deux met en vedette son auteure, Évelyne Accad, du Liban, lorsqu'il est choisi pour le quatrième concours des *Contes et Nouvelles de langue française* en 1976. Accad s'intéresse, tant dans son œuvre littéraire que dans son œuvre critique, à la place de la femme arabe dans la société moderne.

Vivement visuel, l'art de cette nouvelle, pourtant si clairement racontée, nous peint un monde plein de contrastes et de contradictions, un monde qui oscille entre deux sœurs, deux familles, deux pays, deux continents et deux cultures.

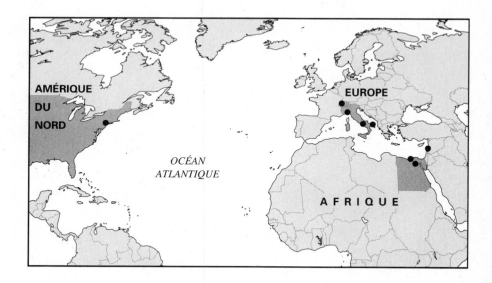

Avant tout

Dans le milieu

A. Appariez le nom de chaque ville dans la première colonne avec le nom du pays où elle se trouve.

Ville		Pays
1. Alexandrie	_____	a. États Unis
2. Beyrouth	_____	b. Égypte
3. Brindisi	_____	c. Italie
4. Le Caire	_____	d. Liban
5. Gênes	_____	e. Suisse
6. Naples	_____	
7. Neuchâtel	_____	
8. New York	_____	

B. Marquez sur la carte à la page 232 les villes et les pays ci-dessus.

Vocabulex

A. Soulignez dans les passages suivants, tirés de la nouvelle *Entre deux*, tous les mots qui appartiennent au champ sémantique indiqué.

1. La couleur:
Des œillets colorés remplissent un vase. Le mauve est là, sublimé, magique, avec un bord foncé qui arrête, qui s'arrête et qui reprend au rose qui le joint dans un croisement. Couleurs irréelles qu'on a infligées à ces pauvres plantes qui se meurent. On les a fait mourir. On leur a fait sucer le mauve, le rose, l'orange, le jaune, le bleu et maintenant, elles en suintent de partout.

2. Le jardinage:
On les a arrachées à leur nourriture solide, à la terre qu'elles connaissent, où elles étaient libres, aux excréments naturels, à la terre chaude, remplie de sels, d'arêtes, d'os, de détritus, d'éléments fortifiants et sauvages.

3. La féerie:
Je me mis à lui décrire comment j'étais devenue une fée qui peut se
glisser dans les trous de serrure et comment j'avais touché aux objets
mystérieux et enchantés du jardin défendu. J'étais Alice au Pays
des Merveilles. Le jardin était rempli de choses molles et parfumées,
de couleurs et de saveurs, d'une quantité d'animaux étranges
et amusants.

B. Combien pouvez-vous trouver de mots qui appartiennent à au moins
deux des catégories nommées ci-dessus?

Idéogrammes

Dessinez une carte sémantique pour illustrer chacun des thèmes suivants.
Vous trouverez à la page 8 le modèle d'une carte sémantique.

1. le voyage
2. la liberté
3. la mer
4. la religion
5. la révolte

As we read in a second language, we develop expectations which enable us to anticipate certain turns of style and to place within certain lexical fields the vocabulary that we encounter. The more systematic we become in our approach to reading, the more able we are to work out the problems posed by a particular text.

De grand style

A. Lisez les phrases ci-dessous pour ensuite choisir le(s) mot(s) qui
semble(nt) le mieux en compléter le sens.

Modèle: Elle me donne l'impression qu'elle va tomber, dégringoler,
disparaître dans un gouffre.

a. danser.
b. disparaître dans un gouffre.
c. me surprendre.

1. ma pauvre sœur fragile, incomprise, martyrisée, _____
   a. mal aimée.
   b. méchante.
   c. robuste.
2. On s'est toujours comprises, aidées, _____
   a. détestées.
   b. aimées.
   c. méconnues.

3. ma pauvre sœur fragile, malade, _____
   a. qui aime tant les animaux.
   b. qui se veut saine et forte.
   c. qui se meurt comme les fleurs.
4. tout son être frémissant, vibrant et passionné à jamais ignoré, délaissé, _____
   a. adoré.
   b. rejeté.
   c. admiré.
5. Est-ce qu'elle se rend compte de sa pâleur, de sa couleur cadavérique, _____
   a. de sa fraîcheur?
   b. de ses yeux cernés?
   c. de ses beaux yeux noirs?
6. Pourquoi s'est-elle laissée lier, attacher, _____
   a. briser?
   b. comprendre?
   c. oublier?
7. Elle me regarde avec son air triste, son air soumis et _____
   a. content.
   b. tendre.
   c. mécontent.
8. attitude apprise dès l'enfance, acceptation d'une croix à porter tous les jours, agenouillement, femme, _____
   a. sainte.
   b. martyr.
   c. héroïne.
9. rabaissement de l'être, de l'ego, _____
   a. du moi.
   b. de l'ambition.
   c. de la pensée.
10. effacement devant les autres, devant la vie, _____
    a. devant le choix.
    b. devant la mort.
    c. après la mort.

B. D'après les indications données ci-dessus, comment décririez-vous la personnalité de la sœur?

C. Quelle serait l'attitude de la narratrice envers sa sœur?

Autrement dit

Formez des groupes de trois ou quatre personnes pour discuter en français les sujets suivants. Avant de commencer, améliorez vos connaissances en vocabulaire en faisant l'exercice suivant.

A. Vous trouverez ci-dessous dix mots apparentés qui vous seront peut-être utiles au cours de votre discussion. Assurez-vous d'avoir bien compris le sens de ces mots en écrivant dans le blanc l'équivalent anglais de chaque mot.

1. aventureux *(a)* _____
2. compréhension *(nf)* _____
3. familier *(a)* _____
4. fleuriste *(nmf)* _____
5. irresponsable *(a)* _____
6. jardiner *(vi)* _____
7. mystère *(nm)* _____
8. nostalgie *(nf)* _____
9. prudent *(a)* _____
10. rebelle *(nmf, a)* _____

B. Au cours de votre discussion, remplissez les blancs suivants en notant dix mots français que vous aurez appris en discutant, ainsi que l'équivalent anglais de chaque mot. Référez-vous aussi à ces listes en faisant votre essai à la fin du chapitre (p.255).

1. _____ _____
2. _____ _____
3. _____ _____
4. _____ _____
5. _____ _____
6. _____ _____
7. _____ _____
8. _____ _____
9. _____ _____
10. _____ _____

C. Formez maintenant des groupes de trois ou quatre personnes et discutez en français les questions suivantes. Comparez ensuite vos réponses à celles des autres étudiant(e)s dans la classe. Êtes-vous d'accord?

1. Quand vous étiez petit(e), auriez-vous aimé être né(e) dans une autre famille? Expliquez pourquoi.
2. Quelles sont les émotions qu'évoque en vous la mer?
3. Croyez-vous qu'il faille partir pour pouvoir vraiment apprécier ce qu'on a ici et maintenant? Êtes-vous d'accord avec ceux qui disent «Loin des yeux, loin du cœur»?
4. Aimez-vous les fleurs? Aimez-vous le jardinage? Pourquoi l'aimez-vous ou pourquoi ne l'aimez-vous pas?
5. Croyez-vous qu'un être humain soit responsable des actes d'un(e) autre?
6. Aimez-vous ou n'aimez-vous pas l'aventure? Pourquoi? Si oui, quelle sorte aimez-vous?

Entre deux

L'hiver s'était levé sur Beyrouth°. Il faisait un froid cru° et vif. Le vent de la mer soufflait par grandes rafales°. Les persiennes° claquaient. Quelques vitres volaient en éclats°. Assise derrière une fenêtre embuée°, je regardais la rue inondée° par la pluie et les torrents d'eau, les rares passants qui sautaient au-dessus des flaques°, un marchand qui courait poussant de toutes ses forces une charrette° aux roues° incertaines, recouverte d'aubergines violettes et de tomates écarlates ruisselantes°, brillantes de pluie. Au fond, à l'horizon, le ciel était noir, la mer d'un blanc menaçant. J'étais saisie par l'électricité du moment, par la beauté et la fragilité de l'instant et de tous les instants que j'avais vécus jusqu'alors, face à cette même rue, les yeux perdus dans ce même horizon, rêvant à l'avenir, frémissant° devant ce que j'espérais que m'apporterait la vie. C'était la même mer que j'avais traversée déjà plusieurs fois, ses tons avaient changé suivant les saisons, suivant le temps et les étapes de ma vie, mais c'était toujours la même mer, avec des abîmes° profonds et impassibles. J'avais navigué sur elle, rêvant à des horizons inconnus, des pays lointains, des visages nouveaux, des romans inédits, et j'étais toujours revenue vers ce petit coin de terre qu'on appelait le Liban°. Pourquoi étais-je toujours revenue vers ce pays incertain, ravagé par les guerres, les conquêtes, la colonisation, l'impérialisme, les révolutions, le fanatisme religieux? Était-ce par nationa-

Beirut / raw
squalls / (slatted) shutters
voler en éclats: to shatter /
* fogged up / flooded*
puddles
cart / wheels
dripping

shivering

depths

Lebanon

lisme ou patriotisme? Au fond, je ne savais pas très bien si j'appartenais à ce pays, pays de mon père ou à l'autre pays, celui de ma mère. Je ne me sentais pas vraiment d'attache pour l'un ou pour l'autre. Alors pourquoi mes pas s'étaient-ils toujours dirigés vers un retour à ce pays natal? Je cherchais, j'essayais de comprendre, tandis que je méditais et réfléchissais devant ce paysage déchiré° par la violence du vent et l'intensité de l'heure.

torn

Accoudée au marbre froid de la cuisine, elle semble prête à s'effondrer en pleurs à tout moment. Ses mains diaphanes remuent l'eau savonneuse de la vaisselle, geste répétitif de l'habitude. Machinalement, ses yeux se ferment de lassitude. Je la soutiens et lui enlève l'assiette des mains. «Qu'as-tu?» demandai-je. «Je n'en sais rien, un peu rien, un peu tout.» Une blancheur pâle, émouvante, s'allonge, s'étend. C'est un blanc irisé, violet par endroits, transparent, presque bleu dans d'autres, épais et crémeux. Il devient une pâte de pus au milieu qui avance, qui avance... qui s'étend sur son visage transparent. J'ai peur qu'elle étouffe°, qu'elle soit asphyxiée, ma pauvre sœur fragile, incomprise, martyrisée, mal aimée. Je la retiens avec des questions dans les yeux. Je la supplie de me dire ce qui ne va pas. «Tu ne devrais pas t'en faire tellement pour moi», murmure-t-elle... Elle me fait peur... Pourquoi parle-t-elle d'une manière aussi étranglée, avec des mots irréels, un souffle haché, presque étouffé... Elle me donne l'impression qu'elle va tomber, dégringoler°, disparaître dans un gouffre... Elle est si fragile qu'un rien peut la renverser, la piétiner°, l'anéantir°... Et le blanc avance et la saisit, l'emporte au loin, très loin de moi. J'essaie de lui tendre la main, de la sauver, mais sa tête est déjà prise. Il n'y a plus que ses yeux immenses, noirs, pleins d'amertume°, qui me supplient de l'aider, de faire quelque chose, de ne pas la laisser sombrer toute seule. Il faudrait que je me noie avec elle, pour lui prouver... Lui prouver quoi? Que je suis comme elle une victime? Qu'on appartient au même bord, à la même race, au même sexe? Et alors? Qu'est-ce que cela résoudrait? Mais c'est ma sœur après tout. On s'est toujours comprises, aidées, aimées. On s'est toujours tout raconté. On a fait des bêtises ensemble. On a été punies ensemble et on s'est consolées mutuellement. On a toujours tout partagé. Elle n'a pas pu choisir sa vie. On la lui a infligée dès le berceau, dès le lait caillé° sur ses barboteuses°, dès l'enfance encerclée, dans nos jeux décidés à l'avance par nos parents, nos amitiés choisies, nos sorties toujours arrêtées, nos élans bridés°. J'ai vécu tout ça avec elle. Nous avons pleuré ensemble, lutté ensemble. Pourquoi est-elle restée là à souffrir, alors que je suis partie?

étouffer: to smother

dégringoler: to tumble
piétiner: to trample /
anéantir: to destroy

bitterness

curdled
rompers

bridled

Tous les quatre ans, nous allions, mes parents, mes trois frères, ma sœur et moi en Suisse, pour passer l'été chez mes grands-parents. Nous quittions un Liban chaud et humide, presque suffocant, pour un air pur (ou que nous croyions pur!) des montagnes du pays maternel. Je me souviens de ces étés fascinants et excitants où, allongée sur le pont du bateau avec ma sœur, nous attendions que la sirène ait émis sa plainte lugubre et que nous nous éloignions petit à petit de Beyrouth illuminé. Ma grand-mère, mon oncle, mes tantes et une quantité d'enfants brandissaient des mouchoirs depuis le quai, et nous nous sentions fiers de partir si loin. Nous les regardions avec un peu de mépris, ces pauvres qui restaient dans la chaleur et le bruit d'une ville que nous avions déjà quittée.

Aujourd'hui encore, lorsque je pense à ces soirées de départ (car les lignes que nous prenions quittaient souvent le soir), je suis secouée par un frisson. Il faut connaître les étés libanais pour apprécier la sensation. L'air est chargé d'intense luminosité et quand le ciel est étoilé et que la lune brille, on a la gorge serrée d'éblouissement et d'émerveillement. Le bateau prend petit à petit le large et un vent salé vous fouette le visage. Je regardais les montagnes de mon pays s'estomper° dans le lointain et lorsque la mer et le ciel étaient enfin unis à tous les points de l'horizon, un sentiment de paix intérieure m'envahissait. Ma sœur aussi était silencieuse. Je la savais encore plus hypnotisée que moi par la beauté du moment. Nous respections la magie de l'heure.

Mes parents qui étaient très stricts pendant l'année, nous laissaient un peu de liberté sur le bateau. C'est là que nous avons lié des amitiés qu'il ne nous était pas permis d'avoir au courant de l'année. Cette liberté relative m'enivrait°. Je courais sur le pont, jouais à toutes sortes de jeux, me penchais sur la balustrade° pour humer° l'air et regarder les vagues que le bateau formait en fendant l'eau. Aujourd'hui encore, bateau est pour moi symbole de liberté. Ma sœur était moins tapageuse°. Déjà plus sérieuse, bien que de quinze mois seulement mon aînée, elle méditait dans des coins retirés du bateau, ou elle tenait des conversations sérieuses avec des personnes plus âgées qu'elle. Elle lisait beaucoup. Quelquefois je l'entraînais dans mon tourbillon° et nous courions comme des folles sur le plancher glissant d'eau de mer.

Les entrées dans les ports d'Alexandrie, de Naples ou de Gênes étaient toujours un événement. C'était souvent très tôt le matin qu'elles se produisaient et, pour rien au monde, nous n'aurions voulu manquer cette euphorie. Entre Beyrouth et Alexandrie, la mer était souvent houleuse°, et nous nous réveillions avec un léger malaise, dans des cabines humides, sur des couchettes qui tanguaient°. Ma sœur était toujours la première à se lever et à m'entraîner dans ces cas-là. Nous courions sur le pont et l'air frais du large° nous revitalisait. Dans le lointain, une côte poudreuse et plate se profilait. Ici, aucune trace de montagnes, c'était comme si le désert entrait dans la mer. L'entrée dans le port d'Alexandrie était très lente, car le port était très grand et rempli de bateaux. Ma mère nous faisait remarquer que c'était des bateaux de guerre russes. Elle le disait avec tristesse, soulignant que les Russes, ne croyant plus en Dieu, ne pouvaient être que des porteurs de malheur.

Nous adorions nous approcher des quais égyptiens, animés de centaines de badeaux°, de mendiants, de marchands de bijoux et d'objets en cuir, de charmeurs de serpents et autres sorciers que nous appelions «galagala», car ils criaient «gala-gala» pour attirer l'attention sur leurs tours de prestidigitation. Ici il faisait encore plus chaud qu'à Beyrouth et nous

s'estomper: *to become blurred*

enivrer: *to intoxicate*
railing / humer: *to breathe in*
noisy

whirlwind, whirlpool

stormy

tanguer: *to pitch and roll*

open sea

badeaux (*also* badauds): *onlookers*

voyions mon oncle égyptien, petit et gros, sur le quai, en train de s'éponger le front, tout en nous faisant mille gestes de la main pour attirer notre attention. Mais nous l'avions vite repéré°. Il ressemblait tellement à mon père dans son allure et ses manières.

repérer: to spot

Mon oncle avait fait un long voyage Le Caire-Alexandrie, rien que pour nous voir pendant les quelques heures que nous avions entre deux escales°. Il nous emmenait manger du poisson dans des petits restaurants qui nous enchantaient. Quand j'étais encore petite, il me prenait sur ses genoux pour me faire sauter et me faire rire. Il enfilait dans ma bouche des morceaux de pain remplis de poisson et de «taratour», «pour que tu deviennes grande et grosse comme moi», me disait-il. Ma sœur aussi était portée en triomphe, mais moins souvent que moi, et je crois bien que j'étais sa préférée. L'heure du départ approchait trop vite. Mon père s'impatientait toujours dans la chaleur qui le rendait nerveux et assoiffé. Il n'approuvait pas les boissons alcooliques que son frère ingurgitait sous nos yeux, ni les cigarettes qu'il fumait. Moi, j'adorais cet oncle si généreux qui nous remplissait les bras de cornets de fruits exotiques: papayes, melons, ananas, mangues... «comme vous n'en avez pas au Liban», et de gâteaux au miel, amandes, pistaches, aromatisés d'eau de rose et de fleurs d'oranger.

stopovers

À Naples ou à Gênes, nous prenions le train pour la Suisse. Nous devions toujours surveiller toutes les valises de très près car il y avait beaucoup de voleurs. C'était mon père qui s'occupait de nous trouver un compartiment et de monter toutes les valises avec mon frère aîné. Les trains étaient toujours bondés et nous avions très peu de temps pour nous installer. J'avais toujours peur que mon père n'ait pas le temps de monter à la dernière minute et c'est avec angoisse que je le voyais s'affairant sur le quai avec la dernière valise tandis que le contrôleur sifflait.

Une fois il nous causa même une plus grande frayeur. Mon père avait toujours très soif et il descendait à chaque station pour boire. Une fois qu'il était descendu pour chercher de l'eau, je l'entendais demander partout où était cet «aqua fredo», le train se mit à bouger. Il avait l'air de partir et il partait en effet et mon père n'était toujours pas là. Je fus saisie d'une crainte terrible. Nous ne pouvions pas voyager sans mon père. Je voyais aux lèvres de ma mère qui remuaient qu'elle devait être en train de prier. Ma sœur aussi priait en tenant mon petit frère qui pleurait. Je fermais les yeux à demi, pensant qu'il faudrait un miracle pour qu'il revienne, puisque le train était déjà dans la campagne... Et le miracle se produisait. Mon père apparut avec des bouteilles d'orangeade. Lorsqu'il avait vu que le train s'ébranlait, il avait sauté dans le dernier compartiment, juste à temps. Pendant le reste du voyage, à chaque station, nous nous sommes accrochés à lui, le suppliant de ne pas nous quitter.

Mais le moment le plus attendu du voyage était certainement l'arrivée à Neuchâtel, cette petite ville suisse au beau lac encadré de montagnes majestueuses où habitaient mes grands-parents. Ici, plus de badauds, de mendiants ou de «gala-gala», mais quelques ivrognes endormis sur les bancs — tristesse des gares européennes au petit matin, lorsque les rejetés de la société cherchent un abri dans l'impersonnel.

Nous étions fatigués du long voyage en train, mais je garderai toujours le souvenir de ces arrivées, le train sifflant le long du lac, Neuchâtel et ses vieilles tours, ses petites maisons coquettes aux toits rouges, aux balcons fleuris, étagées sur la colline, le château et les clochers pointus, puis, peu à peu, les cyclistes et les petites voitures roulant sur des pavés de pierre. Tout l'aspect propre et cossu° de la Suisse était là. Comme ma famille suisse ressemblait peu à ma famille arabe. Ici, pas d'effusions sentimentales ou d'énervements échauffés. Ce n'était pas un manque de chaleur ou d'amour, loin de là. Mais leur manière de l'exprimer différait. Ma grand-mère suisse était altière, grande et menue. Elle portait des cols de dentelle° et des robes fleuries. Ma grand-mère arabe était toute petite et ronde, presque toujours habillée de noir ou de gris, avec des bas noirs et épais même au milieu de l'été.

Un de ces étés, alors que j'avais huit ans, je me glissai dans la voiture de mon oncle qui était commerçant d'habits. J'avais demandé à ma sœur de m'accompagner, mais elle avait refusé, préférant lire un livre de la «Série rose» qu'elle avait déniché au grenier. J'avais toujours eu envie de toucher aux beaux manteaux de fourrure, aux robes de soie et aux lainages angora. J'en avais enfin la possibilité sans témoins. Il n'y avait personne dans la voiture qui était garée devant la maison. Je me déchaussai et escaladai la banquette arrière. Les étoffes chatoyantes° me caressaient la peau. Il y avait une fourrure blanche qui se laissait frotter comme un lapin. J'enfonçai mes doigts dans une veste en angora aux longs poils et je les arrachai lentement à l'empreinte mystérieuse. Je plantai mon menton dans un col de vison° et respirai l'odeur de l'animal des pays lointains. Pour plus de sensations, j'enlevai tous mes habits et fis glisser la soie le long de mes jambes. J'ondulai dans un velours rouge et posai ma tête sur une peau de mouton.

C'est ainsi que mon oncle me découvrit, endormie, recroquevillée°, suçant mon pouce. Il ne me gronda pas pour avoir dérangé sa collection, mais le soir, à table, devant tout le monde, il relata l'aventure que mon père prit très mal. Rouge de colère, il se tourna vers moi et m'ordonna de rentrer dans ma chambre, d'ouvrir ma Bible et de lire dix fois l'histoire de Jézabel qui entraîna sa perte et la perte de tout un peuple à cause de sa vanité. Je ne comprenais pas pourquoi il était si fâché. Qu'il le soit à cause de mon oncle, je l'aurais compris. Mais mon oncle, lui, n'était pas fâché. Alors?... Mais nous avions appris à ne pas discuter avec notre père lorsqu'il demandait quelque chose. Je me levai de table pour aller dans ma chambre. J'entendis mon père qui disait: «Ses sens la perdront.»

Quelques minutes plus tard, ma sœur me rejoignait. Elle me demanda de lui raconter dans les moindres détails mon aventure. Je me mis à lui décrire comment j'étais devenue une fée qui peut se glisser dans les trous

well-off

lace

shimmering

mink

curled up

de serrure et comment j'avais touché aux objets mystérieux et enchantés du jardin défendu. J'étais Alice au Pays des Merveilles. Le jardin était rempli de choses molles et parfumées, de couleurs et de saveurs, d'une quantité d'animaux étranges et amusants.

Nous chuchotions à voix basse, lorsque ma grand-mère entra. Elle était fâchée de nous voir rire alors que j'aurais dû être en train de lire ma Bible ainsi que mon père me l'avait ordonné. «C'est très mal à toi de désobéir et de ne pas te sentir repentante», me dit-elle. «Mais qu'est ce que j'ai fait de mal?» lui demandai-je. «Tu sais très bien que vos parents vous ont mis au monde pour Dieu, comme nous l'avions fait aussi pour notre fille. Obéir à Dieu et Le servir, c'est marcher dans le droit chemin qu'Il nous a tracé dans l'Évangile. Ce n'est pas être attiré par les choses périssables du monde, telles que les habits, les bijoux, le rouge à lèvres et toutes les choses que le monde et le Prince de ce monde, Satan, met souvent devant nos yeux pour nous tenter et nous entraîner à faire le mal.» «Mais je ne faisais pas le mal», rétorquai-je, «et puis, j'aurais pu naître dans une autre famille, n'est-ce pas? Mes camarades ont des mères qui portent des fourrures et du rouge à lèvres. Elles vont au cinéma et au théâtre. Elles ne lisent pas la Bible. J'aurais pu avoir une mère et une grand-mère comme elles, n'est-ce pas? Et alors? Personne ne me dirait que je fais le mal, n'est-ce pas?» C'était la première fois que je tenais tête à ma grand-mère que j'avais toujours eu l'habitude d'écouter respectueusement. Elle parut surprise devant mon audace et, pendant un long moment, elle ne dit rien. Puis, avant de quitter la pièce, elle nous dit: «Mes chères petites, c'est un privilège d'être nées dans une famille telle que la vôtre. Croyez-moi. Plus tard, vous vous souviendrez de mes paroles et vous direz: notre grand-mère avait raison. Il y a une quantité d'enfants qui aimeraient avoir des parents qui vous aiment comme les vôtres, même parmi vos camarades de classe. Ce ne sont pas les fourrures, les bijoux, le cinéma ou même les amis qui apportent le vrai bonheur. «Heureux celui qui écoute ma Parole et qui la vit», dit l'Évangile. Et croyez-moi, c'est cela le vrai bonheur.» Puis elle quitta la chambre non sans m'avoir demandé d'aller faire mes excuses à mon père.

Au lieu de m'apaiser, ses paroles m'avaient indignée. J'étais en pleine révolte. Avec les années, ma révolte n'a fait qu'augmenter. La sagesse de ma grand-mère, je l'accepte dans une certaine mesure aujourd'hui, mais c'est parce qu'il y a un espace entre mes parents (qui représentent aussi cette sagesse) et moi, et que je peux les respecter et qu'ils me respectent sans m'imposer leurs valeurs morales. Quant à ma sœur, a-t-elle connu la révolte que j'ai ressentie? Comment a-t-elle fait face à la vie d'impositions et de conditions qu'on nous infligeait tous les jours? Cet été-là, elle m'a semblé plus taciturne que dans le passé. Elle quittait l'enfance et déjà une adolescence difficile l'attendait. Prévoyait-elle ce qu'allait être sa vie? Pourquoi était-elle si triste et fermée?

«Ce n'était rien, tu sais. On s'est réconciliés. Il m'a apporté un bouquet de fleurs avant le dîner. Tu peux le voir, il est sur la table.» Est-ce que je me suis alarmée pour rien? Est-ce qu'elle se rend compte de sa pâleur, de sa couleur cadavéreuse, de ses yeux cernés?... de tout ce qu'elle m'a dit pendant tant d'années... toutes ces plaintes, très réelles, pas du tout exagérées et qui m'ont amenée à me faire du souci pour elle, à m'inquiéter au point que je n'en dors plus la nuit et que souvent mes larmes coulent toutes seules sur mon oreiller en pensant à elle, à elle qui souffre alors que je ne peux rien faire, que je suis impuissante à la soulager, à l'aider.

Je m'avance dans le salon. Des œillets° colorés remplissent un vase. Le mauve est là, sublimé, magique, avec un bord foncé qui arrête, qui s'arrête et qui reprend au rose qui le joint dans un croisement. Couleurs irréelles qu'on a infligées à ces pauvres plantes qui se meurent. On les a fait mourir. On leur a fait sucer° le mauve, le rose, l'orange, le jaune, le bleu et maintenant, elles en suintent° de partout. Elles étouffent. On les a arrachées à leur nourriture solide, à la terre qu'elles connaissaient, où elles étaient libres, aux excréments naturels, à la terre chaude, remplie de sels, d'arêtes°, d'os, de détritus, de déchets, d'éléments fortifiants et sauvages. On les a arrachées à tout ce qui les rendait heureuses et autonomes et on leur a infligé un lavement d'eau, une purge de liquide sans saveur, des teintures de couleurs empoisonnées, supposées les revitaliser, les enjoliver, pour les abandonner ensuite, desséchées, brisées, cassées, fermées.

J'avais seize ans quand on m'annonça que ma sœur allait être mariée, mariage arrangé par les familles respectives. Nous revenions d'un de ces voyages de liberté sur la mer. C'était la fin de l'été. Ce fut notre dernier voyage ensemble. Elle lisait Pascal dans des coins retirés du bateau et me le citait très souvent. Elle écrivait un journal secret dont elle me lisait certains passages. Elle était devenue encore plus renfermée. J'étais la seule à laquelle elle s'ouvrit de temps en temps.

Un jour elle me rapporta une conversation qu'elle avait surprise entre mon père et un professeur de philosophie. Ils étaient allongés sur des chaises-longues. Elle lisait derrière une barque de sauvetage°. Elle connaissait bien ce professeur pour avoir souvent discuté avec lui Pascal et l'importance de la foi. Il commença par lui vanter sa fille en lui disant qu'elle avait un bon raisonnement logique et clair, avancé pour son âge, puis il lui fit un reproche: «Vous avez tort d'élever vos enfants d'une manière aussi stricte», lui avait-il dit, «tôt ou tard, ils se révolteront; plus on limite l'être humain, plus il cherche des moyens d'évasion!» Notre père avait répliqué qu'il se devait de nous donner des bases solides, qu'il était responsable de nos choix devant Dieu qui lui demanderait d'en rendre compte au jour du jugement. Le professeur n'avait pas été convaincu: «Vous avez une fille sensible et sage. C'est un beau papillon aux couleurs vives. Donnez-lui de l'espace. Si vous le tenez trop longtemps entre vos doigts, il perdra ses jolies couleurs. Si vous lui donnez sa liberté, il reviendra vers vous ou il ne reviendra pas, mais en tout cas, il ne perdra pas ses couleurs.» Mon père avait dit: «Il faut qu'il aille à Dieu».

carnations

sucer: *to suck*
suinter: *to ooze*

fish bones

barque de sauvetage:
  lifeboat

Ces paroles qu'elle me rapporta m'ouvrirent un nouvel horizon. Ainsi il y avait des êtres sur la terre, appartenant au monde des grandes personnes, et qui avaient mon sens de la révolte? Un homme réfléchi et intelligent comme mon père et qui différait dans ses idées. Quelqu'un qui ne me jugerait pas et ne penserait pas que je faisais le mal parce que j'avais décidé de déployer mes ailes et de voler très loin. C'était comme si, subitement, on m'avait ouvert une fenêtre ensoleillée dans ma prison étroite et sombre.

Pourtant ma sœur ajouta: «J'aime beaucoup ce professeur qui a l'air de nous comprendre. Malheureusement, il ne croit pas en Dieu.» Mon nouvel élan fut coupé. Lorsque ma sœur jugeait, en général je me pliais. Sa supériorité dans les études et dans les raisonnements m'intimidait. Elle mettait une telle ferveur dans ce qu'elle disait que je ne pouvais rien ajouter. Pourquoi s'est-elle laissé lier, attacher, briser, alors qu'elle avait tant d'enthousiasme et d'ardeur, alors qu'elle me semblait si lucide et forte? Pourquoi s'est-elle laissé couper les ailes si facilement alors qu'elle les avait si brillantes?

Je me souviens du jour de sa noce. Toute en blanc dans une grande robe de dentelles, comme elle m'a semblé frêle et sublime! À plusieurs moments, j'ai dû la soutenir. Les douleurs dans le dos qu'elle avait eues pendant des mois lui donnaient des vertiges. Est-ce à cause de cette maladie qu'elle a si vite capitulé, accepté un mari de onze ans son aîné qu'elle n'avait ni choisi, ni aimé? Avait-elle été si touchée par ses prévenances et sa constance lorsqu'il lui avait dit: «Même si tu dois passer toute ta vie sur une planche, je veux t'épouser», qu'elle n'avait pensé à rien d'autre? Se croyait-elle vraiment condamnée? Pensait-elle n'avoir qu'un choix? Ma sœur, en cherchant à te comprendre, je cherche à me comprendre. Il m'arrive encore de penser à ce professeur qui avait au moins essayé de regarder au travers de notre carapace d'enfants sages.

En cherchant à la comprendre, c'est aussi mes autres sœurs arabes auxquelles je tends la main, que j'essaie de saisir et de comprendre. Pourquoi acceptent-elles si facilement nos coutumes humiliantes? Je reviens sans cesse à ma sœur, lors de ses fiançailles: le chaperonnage serré, le manque de liberté à un moment où ils auraient dû avoir une entière liberté pour se connaître, la visite révoltante chez le médecin de famille de ses futurs beaux-parents, ma sœur me racontant cette visite avec dégoût: il avait cherché «la chose», fleurette virginale, preuve de bonne conduite, de respectabilité et d'honneur, qu'on croit encore dans nos pays être gage de bonheur (comme ils se trompent et comme ils se sont trompés!); la longue cohabitation avec une famille qui ne faisait que la tolérer: elle n'était pas vraiment des leurs, ils auraient préféré pour leur fils une épouse plus riche (nous étions pauvres), mais ils s'étaient raisonnés en se disant qu'une bonne «chrétienne» valait mieux en fin de compte qu'une «riche». Tu en as versé des larmes à cette époque-là où tu attendais déjà un enfant. Tu n'avais qu'un mois de mariage, tu n'avais pas eu le temps de connaître ta sexualité que déjà ton ventre s'enflait et que la tristesse t'envahissait, car lui te délaissait et sa famille te harassait. (Mais c'était la coutume! Il fallait prouver au monde que «cela avait marché» et un enfant en était la preuve, un enfant était un autre gage...)

Elle s'est approchée de moi. Sa main sur mon épaule pèse fort, trop fort. Elle a l'air de vouloir y imprimer une marque. «Elles sont belles, n'est-ce pas? Il me les a apportées avant le dîner pour qu'on se réconcilie.» Je la regarde. Elle est belle. Elle n'a pas l'air de comprendre. L'air est rempli du parfum sauvage des œillets qui meurent. Leurs têtes se penchent pour toujours dans la chaleur étouffante de la chambre. Sa tête se penche. Sa main en saisit une et la respire. Comment le peut-elle? Est-ce qu'elle ne va pas s'évanouir? Elle a rejeté sa tête en arrière et ferme les yeux, ses yeux cernés d'un noir profond, un noir presque violet. Elle va tomber, j'en suis sûre. Il faut que je la soutienne, que je la transporte sur le divan, ma pauvre sœur fragile, malade, qui se meurt comme les fleurs. Comment est-elle arrivée à une telle abnégation d'elle-même? Pourquoi ne se révolte-t-elle pas avant qu'il soit trop tard, avant que l'abcès ait crevé dans son corps, avant que le pus, le poison ne se soit répandu dans son être, sa peau douce jamais caressée, ses seins ronds jamais cajolés, ses jambes de jeune jument° blessée jamais admirées, son sexe en chaleur jamais embrassé, tout son être frémissant, vibrant et passionné à jamais ignoré, délaissé, rejeté. Elle est si fragile, comme les fleurs. Un rien peut la briser, la tuer. Déjà son corps est secoué d'un tremblement spasmodique, déjà sa peau, ses membres se tendent à craquer, déjà les larmes coulent de ses cavités sombres et profondes sans qu'elle puisse les arrêter, déjà je soupçonne le pire: une maladie grave, un cancer, un mal irréversible, un malheur inondant la pièce, commencé par les fleurs et terminé par elles.

J'appris sa tentative de suicide lorsque j'étais en Amérique. J'avais depuis longtemps brisé les liens qui me retenaient captive. Je croyais avoir trouvé une forme de liberté que personne ne pourrait m'enlever. Depuis j'ai appris que toute forme de liberté est relative mais qu'il y a des degrés de relativité. Et j'ai aussi appris que la captivité est à l'opposé de la liberté et que mes sœurs arabes n'ont la plupart du temps pas le choix: nées dans la captivité, elles ne peuvent jamais franchir le côté de la liberté, quelque relatif qu'il soit. Certaines essaient de le faire dans le suicide, d'autres dans la fuite°. Je suis tourmentée par leur sort.

Si j'avais à décider de nouveau le déroulement de ma vie, je répéterais ma fuite loin de la maison, loin des conventions, loin d'un mariage arrangé, loin des traditions ennuyeuses et des coutumes humiliantes. Je le répéterais mon vol à perdre haleine vers des villes inconnues, des visages nouveaux, des cultures différentes. Aujourd'hui encore, j'ai besoin d'espace et de ce que j'appellerai non liberté mais vitalité.

J'avais pris le bateau à New York pour passer des vacances dans mon pays, et surtout pour la voir, cette sœur dont la pensée ne m'avait pas quit-

mare

flight

tée. J'appréhendais la réadaptation et j'appréhendais de la revoir. Tout le monde avait cru à un accident banal, moi j'avais lu entre les lignes son éveil à une triste réalité. J'avais saisi son immense désespoir devant une vie vide du romantisme et de l'idéalisme de son adolescence.

Je passai des journées sur le pont à méditer sur son sort et sur le mien, à penser à notre longue séparation. Huit années s'étaient écoulées depuis les prévisions du professeur de philosophie. Quelquefois mes yeux erraient parmi les voyageurs, croyant l'apercevoir discutant avec mon père qui n'aurait sûrement pas approuvé le bikini que je portais alors. Mais non, il n'était pas là. J'étais seule face à l'océan et à mes pensées.

Je relisais ses lettres d'avant l'accident: «Je souffre... il ne me comprend pas... je crois qu'il en aime une autre... Je puise mes forces dans la prière et dans mes enfants qui sont ma seule joie... Je n'ose parler de mes problèmes à personne...» Puis elle devenait plus personnelle: «Il ne veut plus faire l'amour... il ne m'approche plus... est-ce que je le dégoûte à ce point?... je crois que cela doit être les paroles de sa mère. Elle lui a dit: «Vous avez assez d'enfants! Maintenant, arrête-toi!...» Quelquefois, je suffoque... j'ai des besoins inassouvis°... je ne devrais pas en parler... est-ce que je suis normale?» *unsatisfied*

Puis l'accident était arrivé. On m'avait rapporté qu'elle était tombée à skis dans un fossé, se cassant les deux jambes et se brisant le dos. Je ne les avais pas crus. Comment pouvaient-ils être si naïfs et indifférents à sa souffrance? Moi, même loin d'elle, je percevais sa chute comme un désespoir intense. Volontaire ou involontaire, le mal était évident.

Je lui avais écrit une longue lettre lui expliquant ma vie, essayant de comprendre la sienne, la suppliant de tout me raconter, que je me sentais aussi proche d'elle que cette mer qui touchait le bateau. Deux mois plus tard, elle m'écrivait une lettre décousue° dont les mots fébriles me causèrent le choc que je redoutais: «Je ne voulais plus vivre... il ne m'aime plus... il m'a délaissée... à quoi bon continuer, même pour mes enfants. Il ne revenait pas... je savais que je me dirigeais dans un fossé... j'y suis allée comme poussée vers le néant°... oh! pourquoi ne suis-je pas morte?...» *disjointed*

nothingness

Nous quittions l'océan pour la Méditerranée, la mer était d'huile, le ciel d'un bleu paisible. Je pensais aux longs couchers de soleil roses, aux longs crépuscules que j'avais quittés et à ceux que j'allais retrouver: des nuits tombant soudainement, des cieux s'allumant de millions d'étoiles autour du croissant de lune, rendant l'air féerique et vibrant. Je souhaitais et appréhendais cette redécouverte, de même que je souhaitais et appréhendais de revoir ma sœur.

À Naples, je dus prendre le train pour Brindisi où je devais prendre un autre bateau pour Beyrouth. Lorsque j'entrai dans la cabine qu'on m'avait assignée, il y avait déjà une énorme matronne habillée de noir qui était assise sur une couchette en train de s'éponger le front. J'eus un choc: elle était habillée comme ma grand-mère avec d'épais bas noirs. Elle se badigeonnait° la figure, le cou et les bras d'eau de Cologne dont je croyais reconnaître l'odeur: c'était celle de ma grand-mère. *badigeonner: to paint*

Elle fut surprise de m'entendre lui parler en arabe. Elle était étonnée qu'on me laisse voyager toute seule et que j'aie quitté la maison pour aller si loin. Je lui fis toutes les politesses qu'on m'avait apprises et que je n'avais pas oubliées. J'en éprouvais un certain malaise, ne me sentant pas tout à fait sincère mais je ne voulais pas l'affliger et j'étais résolue à me réadapter.

Mise à l'aise, elle n'arrêta pas de causer et de me raconter sa vie tandis que je dépliais mes bagages et que je me rafraîchissais. Elle commença par la politique. Sa famille venait de la montagne où elle cultivait la vigne. Ils étaient de «vrais libanais», prêts à défendre le Liban jusqu'à la mort s'il le fallait. Ils appartenaient au parti des Kataëb (Phalangistes). Elle critiqua les réfugiés palestiniens «à qui nous avons ouvert nos portes et qui nous enfoncent un poignard dans le dos». Puis elle parla de ses enfants. Elle avait cinq filles et deux garçons, tous bien mariés avec des fils et des filles de «bonnes familles». Elle revenait d'Italie car une de ses filles avait épousé un Italien et venait d'avoir son deuxième enfant. C'était sa plus jeune fille et ils n'étaient pas très heureux qu'elle ait épousé un étranger, mais elle remarqua «qu'il était difficile de retenir les jeunes filles de nos jours». Les jeunes filles devaient être tenues et réservées. Les jeunes gens, eux, c'était différent. Ils pouvaient être élevés librement. Ils avaient besoin de liberté et pouvaient sortir comme ils voulaient. Mais pour les filles, il fallait les élever dans la crainte de perdre l'honneur de la famille. Elles devaient être contrôlées, surtout elles devaient arriver vierges au mariage. Les hommes, eux, pouvaient s'amuser et rechercher la compagnie de femmes frivoles et qui se laisseraient faire, mais «croyez-en mon expérience, ma chère petite, ce n'était pas celles-là qu'ils épouseraient».

Je me sentais de plus en plus mal à l'aise dans cette cabine où il faisait une chaleur étouffante et où les paroles de cette femme rendaient l'atmosphère encore plus lourde. Elle symbolisait tout ce que j'avais fui et que j'avais peur de retrouver. Ses yeux désapprobateurs glissaient sur mes jambes et mes bras nus. Je n'osais presque pas bouger, me sentant détaillée à chaque mouvement. Il fallait que je quitte cette cabine qui me donnait le vertige.

Je me précipitai dehors et grimpai jusqu'au pont supérieur. Les matelots s'affairaient autour des cordages. On allait quitter Brindisi. Je m'accoudai au bastingage°. L'air salé me frappait le visage tandis qu'on s'éloignait. Je respirais à pleins poumons cette vie du large. Lentement le bateau s'éloignait, déjà les gens de la côte n'étaient que des points noirs dans un paysage morne.

rail

Je pensais à toutes ces côtes que j'avais quittées avec des émotions différentes. Est-ce que je reverrais jamais celle-ci? J'avais la gorge serrée de peur et mes sentiments étaient mélangés: d'un côté, j'avais hâte de retrouver ma famille, d'un autre, je l'appréhendais. J'avais reçu un choc en apercevant la femme de ma cabine et en l'entendant monologuer, car elle m'avait brusquement rejetée dans un passé douloureux de préjugés et de tabous. Pourtant, en quittant l'Amérique, je savais ce qui m'attendait. Je savais qu'il me serait très difficile de renouer avec les habitudes et les coutumes de mon pays. Alors, pourquoi brusquement cette peur? Pourquoi la vieille m'avait-elle tellement troublée? L'appréhension qui chaque jour grandissait depuis que j'avais quitté New York était devenue une réalité. La vieille symbolisait le point culminant de ma frayeur parce qu'elle m'avait brusquement remise en face d'une civilisation dans laquelle je n'avais plus vécu depuis de longues années. Jamais les deux continents ne m'avaient semblé aussi éloignés qu'en ce jour. Même la rapidité du jet qui filait au-dessus de ma tête ne réussirait pas à les réunir. « Jamais, jamais...» pensai-je, «pourquoi ai-je quitté l'Amérique?» Mais je savais bien que je n'aurais pas pu faire ma vie dans le nouveau continent. Je n'appartenais à aucun de ces deux mondes. Alors à quel monde est-ce que j'appartenais? Est-ce qu'il existait? Je ne me sentais aucune attache. Je me sentais flotter comme une coquille°, comme ce navire qui semblait perdu au milieu des flots. Quelques mouettes° planaient et effleuraient l'écume°. Mais elles aussi s'éloigneraient et se perdraient, comme la côte qui n'était plus qu'une ligne brisée à l'horizon. Bientôt, moi aussi, je serais perdue au milieu de la mer, vacillant entre deux mondes que je n'avais pas choisis, qui existaient en dehors de moi et de ma volonté. Je ne les avais pas créés et ils n'étaient pas le fruit de mon imagination. Ils étaient là tout simplement et seraient toujours là, aussi distants de moi que l'infini sur lequel mon regard n'arrivait pas à se fixer.

    Trois jours plus tard, nous approchions des côtes libanaises. C'était un matin clair et serein. Les montagnes étaient couvertes de brume matinale. J'étais montée sur le pont vers quatre heures du matin, alors qu'il faisait encore nuit. J'étais trop excitée pour dormir. Je voulais saisir la présence de mon pays, de loin comme de près. Ma compagne de cabine avait cessé son bavardage durant le trajet. Elle avait dû se rendre compte que je ne l'écoutais plus. Mais souvent ses yeux s'étaient posés sur moi avec lassitude et jugement. J'essayais d'ignorer ce regard, mais le silence avait été aussi lourd que ses paroles. Aujourd'hui, sur le pont, elle avait repris sa bonne humeur et son caquetage° auprès de femmes auxquelles elle ressemblait. Elle allait retrouver son milieu, ses habitudes, des gens qui la comprenaient et qui parlaient son langage. Je lui enviais un peu ce sentiment d'appartenir à un endroit, à une culture, à des gens.

    Beyrouth avait changé depuis mes quatre années d'absence en Amérique. Beaucoup de nouveaux buildings avaient poussé comme des champignons, modernes et impersonnels. Heureusement qu'il restait encore quelques vieilles maisons aux toits rouges. Mais pour combien de temps seraient-elles conservées? On m'avait écrit que toutes ces vieilles maisons allaient être détruites pour être remplacées par des gratte-ciel. La civilisation moderne avait frappé ma ville aussi. L'esprit calculateur des Libanais s'était facilement laissé convaincre par la bonne affaire de telles constructions. Peut-être que les deux continents n'étaient pas aussi éloignés après tout. J'en étais triste car c'était l'imposition des valeurs de

shell

seagulls / foam

cackling

l'un sur l'autre. Il y avait encore quelques arbres par-ci par-là, mais le béton semblait s'infiltrer partout.

Nous approchions du port. C'était le même port petit et accueillant du temps de mon enfance, mais la famille qui m'attendait avait changé: ma grand-mère était morte, mon oncle avait blanchi, ses enfants grandi, sa femme avait dû être internée dans un asile, une de mes tantes portait du noir «comme ma grand-mère». Mon père, ma mère et mes frères m'attendaient. Mais où était ma sœur? Je voyais ses enfants et son mari. Mais elle? Où était-elle?

Je descendis dans la chaleur du port et de mon peuple. Ma famille se pressait contre moi pour m'embrasser. Comme j'étais heureuse de les revoir! Mais elle? Je la cherchais partout des yeux. On m'expliqua qu'elle avait dû rester à la maison. Elle avait les deux jambes encore dans le plâtre°, elle devait rester étendue. Je les regardai tour à tour. Tout leur semblait normal. Mon père avait chargé un porteur de prendre mes valises. Nous franchissions la douane. Ma compagne de cabine me faisait de grands gestes de la main. Elle s'était reconnue dans ma famille. Je n'étais plus une étrangère. Je lui souris. Le ciel bleu de mon pays et la chaleur de ses habitants m'avaient émue et troublée comme je ne l'avais pas été depuis quatre ans. Peut être que la réadaptation serait facile après tout? *cast*

Nous entrâmes dans les ruelles du port. Je reconnaissais l'odeur de sueur, de friture, de poisson, de sel marin, d'algues en décomposition et d'ordures se collant à la peau, qui caractérisait l'odeur de ma ville. Ma mère souriait en me regardant, mon père s'épongeait le front «comme dans le passé, comme quand j'étais petite». Lui aussi avait blanchi et vieilli. Ses gestes avaient ralenti. Il ressemblait de plus en plus à sa mère. Je fus prise d'un sentiment de tendresse pour cette famille que j'avais voulu quitter, avec laquelle j'avais voulu briser les liens. Comme elle me semblait vulnérable et proche en ce moment où je revivais les souvenirs heureux de mon enfance! Il n'en tenait qu'à moi de me rapprocher d'eux, de leur faire comprendre mon point de vue... Mes sentiments oscillaient...

Mais quand je la revis, la rage et la révolte me reprirent. Comment avait-on pu la laisser sombrer à ce point? Elle était devenue une épave°, *wreck* maigre et décolorée, avec un sourire tendre et soumis dans un visage émacié. Où était la sœur de mes quinze ans qui me racontait Pascal et la philosophie avec une lueur d'enthousiasme dans les yeux? Où était-elle cette flamme que j'avais vue s'allumer lorsque nous courions sur le pont d'un bateau secoué par les vagues? Je cherchais en vain dans ses prunelles éteintes le souvenir de notre enfance, la révolte de notre adolescence, l'appel du vent du large et l'émotion qui nous saisissait au petit matin devant des côtes nouvelles, face à des horizons inconnus, sous des cieux infinis.

Je la serrai contre mon cœur pendant un long moment. Les larmes coulaient lentement de ses yeux. «Il faut que tu quittes tout et viennes avec moi en Amérique», lui dis-je. Elle ne répondit rien.

Lentement, au fil des jours, nous reprîmes nos longues conversations. Je la suppliais toujours de me suivre, de tout quitter et de continuer ses études, elle qui les avait toujours si bien réussies. Un jour, elle me donna une réponse qui me surprit et me troubla à tel point que je n'en dormais plus la nuit et que souvent mes larmes coulaient toutes seules sur mon oreiller: «Non, je ne peux pas partir avec toi» me dit-elle. «Mais, toi, repars. Il faut au moins que toi tu vives... Peut-être que ma mort est ta vie...»

Je l'étends par terre, l'asperge d'eau fraîche. Elle ouvre les yeux et me sourit, sourire énigmatique qui s'allonge, s'étire un peu au coin de la bouche, sa bouche qui tremble, tremblement nerveux, rictus qui s'arrête, se fige. Elle me regarde avec son air triste, son air soumis et tendre, attitude de faiblesse apprise dès l'enfance, acceptation d'une croix à porter tous les jours, agenouillement, femme, martyr, rabaissement de l'être, de l'ego, du moi, effacement devant les autres, devant la vie, devant le choix. «Tu es gentille d'être venue admirer mes fleurs. Je suis un peu fatiguée, mais depuis que j'ai ces fleurs, je me sens mieux. Je crois avoir franchi l'étape la plus difficile. Vois-tu, c'est comme ça le mariage. Il faut savoir s'adapter, se plier, accepter les sacrifices, s'effacer devant les autres, son mari, ses enfants. Il faut savoir tout donner, jeûner, prier, s'en remettre à Dieu pour tout, et reprendre ensemble, ne jamais se décourager.» Ses mots sont étouffés. Ils passent avec peine à travers ses lèvres blanches, ses joues décolorées. Ses yeux brillent de fièvre. «Je vais peut-être mourir. J'y ai pensé, tu sais. Je ne regretterai rien. La vie m'a apporté plus de soucis que de joies. Je ne crois pas qu'il me pleurera longtemps. Je lui ai parlé hier, quand on se disputait. Il faudra que vous preniez les enfants, ton mari et toi. Ils vous aiment beaucoup...» Sa voix s'éteint... et moi, je reste là à pleurer, inutile et vide, les mains tendues, la regardant souffrir, ne pouvant rien pour elle. La pièce s'est remplie d'ombres qui avancent et touchent les corolles de teinture°, les fleurs empoisonnées qui, elles aussi, meurent...

dye

Je regardais le paysage hivernal avec tristesse. Une partie de moi était morte. J'essayais de la faire revivre en écrivant, en essayant de me remémorer les instants précieux et intenses de ma vie, les souvenirs qui avaient compté, ce qui m'avait marquée.

La pluie avait cessé de tomber. J'ouvris la fenêtre. Une rafale de vent s'engouffra dans la cuisine où ma sœur faisait la vaisselle. Perchée sur un tabouret, les coudes appuyés sur le marbre froid de la cuisine, je frissonnai. Je refermai la fenêtre et me tournai vers elle. «À quoi penses-tu?» lui demandai-je. «Tu sais», me dit-elle, «quand je fais la vaiselle, je prie toujours. C'est le seul moment de la journée où je peux être en tête-à-tête avec Dieu et lui parler de mes problèmes et de chaque membre de la famille. C'est dans ces instants que je puise mes forces.» Ses yeux brillent tandis qu'elle me parle. Son visage est transformé.

Je saisis une serviette et commence à essuyer les assiettes. Les enfants viennent de rentrer de l'école. Ils se précipitent dans la cuisine pour manger des fruits. Mon neveu, qui est presque aussi grand que moi, s'approche de sa mère et lui entoure les épaules de ses bras robustes. La fillette sautille d'un coin de la cuisine à l'autre en riant aux éclats.

Ma sœur se tourne vers moi. Elle a fini la vaisselle et enlève son tablier. Je l'entraîne sur le balcon que la pluie a lavé. Les nuages fuient du côté de la montagne. Le soleil s'est remis à briller. Le mauvais temps ne dure pas longtemps au Liban!... Au loin la mer étincelle. Elle aussi semble avoir été lavée et transformée.

Après tout

Que sais-je?

Répondez brièvement aux questions ci-dessous.

1. Quel est le pays natal de la narratrice? _____

2. D'où vient son père? _____

3. D'où vient sa mère? _____

4. Combien de frères a-t-elle? _____

5. Combien de sœurs a-t-elle? _____

6. Où va-t-elle en vacances avec ses parents? _____

7. À qui rendent-ils visite? _____

8. Quel âge a-t-elle lors de son dernier
voyage avec ses parents? _____

9. De quelle religion est-elle? _____

10. Dans quel pays s'enfuit-elle? _____

11. Qui tente de se suicider? _____

12. Comment le fait-elle? _____

13. D'où la narratrice retourne-t-elle? _____

14. Regrette-t-elle d'avoir quitté le Liban? _____

15. Qu'est-ce qu'elle demande à sa sœur
de faire? _____

Chasse aux trésors

A. Pour réviser les noms géographiques que vous venez d'apprendre et pour rendre plus clairs le temps et l'espace de la nouvelle, *Entre deux*, retracez sur la carte à la page 232 les voyages de la narratrice en marquant par une couleur, un nombre ou un symbole différent chaque voyage qu'elle a fait ainsi que son ordre dans la chronologie de la nouvelle.

B. Basant votre réponse sur les informations que vous avez pu trouver dans la nouvelle, identifiez la ville suggérée par chacune des descriptions ci-dessous.

1. côte poudreuse et plate
aucune trace de montagnes _____

2. petite ville suisse
beau lac encadré de montagnes
majestueuses _____

3. beaucoup de nouveaux buildings
quelques vieilles maisons aux toits rouges _____

De temps en temps

A. Soulignez d'abord, dans chacune des phrases ci-dessous, le(s) mot(s) qui indique(nt) le temps.

1. L'hiver s'était levé sur Beyrouth.

2. Tous les quatre ans, nous allions, mes parents, mes trois frères, ma sœur et moi en Suisse, pour passer l'été chez mes grands-parents.

3. Aujourd'hui encore, lorsque je pense à ces soirées de départ (car les lignes que nous prenions quittaient souvent le soir), je suis secouée par un frisson.

4. Mes parents qui étaient très stricts pendant l'année, nous laissaient un peu de liberté sur le bateau.

5. Un de ces étés, alors que j'avais huit ans, je me glissai dans la voiture de mon oncle qui était commerçant d'habits.

6. J'avais seize ans quand on m'annonça que ma sœur allait être mariée, mariage arrangé par les familles respectives. Nous revenions d'un de ces voyages de liberté sur la mer. C'était la fin de l'été. Ce fut notre dernier voyage ensemble.

7. Un jour elle me rapporta une conversation qu'elle avait surprise entre mon père et un professeur de philosophie.

8. Tu en as versé des larmes à cette époque-là où tu attendais déjà un enfant. Tu n'avais qu'un mois de mariage...

9. J'appris sa tentative de suicide lorsque j'étais en Amérique.

10. Beyrouth avait changé depuis mes quatre années d'absence en Amérique.

B. Donnez à chaque phrase un nom qui en identifie l'événement principal.

C. Tracez une ligne du temps en y marquant les événements que vous avez nommés ci-dessus.

1. _____ 5. _____ 8. _____

2. _____ 6. _____ 9. _____

3. _____ 7. _____ 10. _____

4. _____

Vocabulex

A. Soulignez d'abord dans les phrases ci-dessous les mots qui ont trait au thème de l'étouffement.

J'ai peur qu'elle étouffe, qu'elle soit asphyxiée, ma pauvre sœur fragile, incomprise, martyrisée, mal aimée.

Pourquoi parle-t-elle d'une manière aussi étranglée, avec des mots irréels, un souffle haché, presque étouffé...

Nous quittions un Liban chaud et humide, presque suffocant, pour un air
   pur (ou que nous croyions pur!) des montagnes du pays maternel.

L'air est chargé d'intense luminosité et quand le ciel est étoilé et que la
   lune brille, on a la gorge serrée d'éblouissement et d'émerveillement.

On leur a fait sucer le mauve, le rose, l'orange, le jaune, le bleu et
   maintenant, elles en suintent de partout. Elles étouffent.

L'air est rempli du parfum sauvage des œillets qui meurent. Leurs têtes se
   penchent pour toujours dans la chaleur étouffante de la chambre. Sa tête
   se penche. Sa main en saisit une et la respire. Comment le peut-elle? Est-
   ce qu'elle ne va pas s'évanouir?

Quelquefois, je suffoque... j'ai des besoins inassouvis... je ne devrais pas en
   parler... est-ce que je suis normale?

Je me sentais de plus en plus mal à l'aise dans cette cabine où il faisait une
   chaleur étouffante et où les paroles de cette dame rendaient
   l'atmosphère plus lourde.

Je respirais à pleins poumons cette vie au large.

J'avais la gorge serrée de peur et mes sentiments étaient mélangés: d'un
   côté, j'avais hâte de retrouver ma famille, d'un autre, je l'appréhendais.

Je le répéterais mon vol à perdre haleine vers des villes inconnues, des
   visages nouveaux, des coutumes humiliantes.

Ses mots sont étouffés.

B. Écrivez au tableau tous les mots que vous avez choisis. Organisez-les
pour faire ensemble une carte sémantique sur le thème de l'étouffement.

Autrement dit

Formez des groupes de trois ou quatre personnes et discutez en français
les questions suivantes.

1. Essayez de répondre à la question de la narratrice qui demande, à
   propos de sa sœur, «Pourquoi est-elle restée là à souffrir, alors que
   je suis partie?». Croyez-vous que la sœur de la narratrice ait mérité
   son sort?
2. Quelle est la signification du titre, *Entre deux*?
3. La liberté est-elle toujours relative?
4. Décrivez l'image du papillon telle que la peint le professeur de
   philosophie.
5. Le mal involontaire, existe-t-il?

Composons!

Écrivez en français une dissertation de 500 mots sur l'un des sujets suivants.

1. Discutez, dans le contexte de la nouvelle, les deux citations suivantes:

   «Jamais les deux continents ne m'avaient semblé aussi éloignés qu'en ce jour.»

   «Peut-être que les deux continents n'étaient pas aussi éloignés après tout.»

Consider *Autrement dit*, Activité C, Question 3, on page 237.

2. Discutez, dans le contexte de la nouvelle, les deux citations suivantes:

   «Je savais qu'il me serait très difficile de renouer avec les habitudes et les coutumes de mon pays.»

   «Peut-être que la réadaptation serait facile après tout?»

3. Plusieurs opinions sur la manière d'élever les enfants se présentent dans la nouvelle. Faites-en le résumé.

4. Discutez le rôle de la politique dans *Entre deux*.

5. Étudiez le rapport entre les deux sœurs dans la nouvelle.

See *De grand style*, Activités B + C, on page 235, and *Autrement dit*, Question 2, on page 254.

6. «Ses sens la perdront.», dit le père de la narratrice. Étudiez le rôle des sens dans le déroulement de la nouvelle.

Consider *Idéogrammes*, Question 5, on page 234.

7. Étudiez le thème de la révolte dans *Entre deux*.

Consider *Idéogrammes*, Question 2, on page 234, and *Autrement dit*, Question 3, on page 254.

8. Étudiez, dans le contexte de la nouvelle, la déclaration de la narratrice, qui dit: «Aujourd'hui encore, bateau est pour moi symbole de liberté.»

Liens affectifs

L'espoir

Les trois textes de cette section sont liés de toute évidence par le thème de l'espoir, mais d'autres thèmes y sont aussi en jeu. Pour explorer un peu plus profondément ce réseau intertextuel, écrivez en français une dissertation de 750 mots sur l'un des sujets suivants.

1. Le narrateur de *Lettre blanche* et la narratrice d'*Entre deux* ont tous deux une certaine confiance dans l'avenir, mais cette confiance est, dans une certaine mesure, contrebalancée par des actions et des pensées qui menacent de la détruire. Discutez.
2. Comparez les sentiments des adultes envers les enfants dans les trois textes de cette section.
3. Étudiez les diverses manifestations de l'espoir dans *Lettre blanche*, *Prendre un enfant* et *Entre deux*.
4. L'espoir est étroitement lié à l'amour dans les trois textes de cette section. Étudiez l'origine et les conséquences de ce lien affectif dans la thématique de ces trois textes.
5. L'un des personnages secondaires de *Lettre blanche* et d'*Entre deux* arrive à reprendre courage après un revers de fortune assez important. Identifiez ce personnage secondaire et déterminez l'importance relative de ce revers dans le développement de chacun de ces deux textes.

Appendice 1

Le passé simple

Definition

The *passé simple*, or simple past, is a French verb tense used extensively in literary texts to indicate a point action or single, completed action in the past.

Use

The *passé simple* is often considered to be the literary equivalent of the *passé composé* in that it allows the reader to pinpoint and to plot a sequence of events along a narrative time line. Both the *passé composé* and the *passé simple* tell what happened, in contrast to the *imparfait*, which describes how things were.

Translation

The *passé simple* form of a verb is normally translated by a single word in English: I *came,* I *saw,* I *conquered.*

Formation

The forms of the *passé simple* most frequently encountered in literary texts are the **je, il/elle/on** and **ils/elles** forms. All sentences used as examples below are taken from texts found in *Émotions.*

A. –Er, –ir, and –re verbs

The *passé simple* of most verbs is formed by taking the infinitive stem and adding the following endings:

	–er	–ir	–re
je	trouvai	finis	perdis
tu	trouvas	finis	perdis
il/elle/on	trouva	finit	perdit
nous	trouvâmes	finîmes	perdîmes
vous	trouvâtes	finîtes	perdîtes
ils/elles	trouvèrent	finirent	perdirent

Examples

1. **–er** verbs

   Je ne *trouvai* rien. *(La chambre octogonale)*
   Il m' *abandonna*. *(Mafouaou)*
   Ils *marchèrent, marchèrent, marchèrent. (La jeune fille difficile)*

2. **–ir** verbs

   J' *ouvris* la fenêtre. *(Entre deux)*
   Je *sortis*. *(Mafouaou)*

3. **–re** verbs

   Je *perdis* l'appétit. *(Mafouaou)*
   Elle ne *répondit* pas. *(L'autre Femme)*
   Ils *attendirent* le café assez longtemps, en silence.
   (L'autre Femme)

B. *Avoir* and *être*

The simple past of many irregular verbs, including **avoir** and **être**, takes
the following endings:

	avoir	être
je/j'	eus	fus
tu	eus	fus
il/elle/on	eut	fut
nous	eûmes	fûmes
vous	eûtes	fûtes
ils/elles	eurent	furent

Examples

J'*eus* malheureusement le temps de voir ses yeux. (*L'homme aux yeux lumineux*)
Ce *fut* notre dernier voyage ensemble. (*Entre deux*)

C. Irregular verbs whose past participle ends in –u

The *passé simple* form of many irregular verbs is based on their past participle. This is especially true of the many irregular verbs ending in –oir and –oire, with a past participle ending in –u and other irregular verbs whose past participle also ends in –u. The most common of the verbs belonging to this group is, as we have already seen, the verb **avoir**, and verbs belonging to this group take the same *passé simple* endings as **avoir**.

Examples

The past participle of each verb is given in parentheses.

apparaître (apparu)
Mon père *apparut* avec des bouteilles d'orangeade. (*Entre deux*)

avoir (eu)
Ils *eurent* un petit frisson de fraîcheur. (*Par un soir de printemps*)

boire (bu)
Il *but* et me passa son verre. (*Mafouaou*)

croire (cru)
Je *crus* d'abord qu'il plaisantait, ou faisait allusion à moi. (*L'homme aux yeux lumineux*)

devoir (dû)
Je *dus* abandonner l'école parce que je souffrais de maux de tête. (*Mafouaou*)

pouvoir (pu)
Je ne *pus* dire mot. (*Mafouaou*)

vouloir (voulu)
Elle ne *voulut* de personne pour l'accompagner, comme c'est la coutume. (*La jeune fille difficile*)

D. Irregular verbs whose past participle is –i based

Many other irregular verbs also have *passé simple* forms based on their past participle, but, as these past participles are –i rather than –u based, the *passé simple* endings for –ir verbs are used.

Examples

The past participle of each verb is given in parentheses.

dire (dit)
«Rentrons, maintenant», *dit*-elle. (*Par un soir de printemps*)

mettre (mis)
Je *mis* en marche et dans mon désarroi, j'oubliai complètement d'allumer les phares avant. (*L'homme aux yeux lumineux*)

prendre (pris)
Je *pris* peur. (*Mafouaou*)

suivre (suivi)
Alice *suivit* le maître d'hôtel. (*L'autre Femme*)

E. Faire, voir

The *passé simple* forms of **faire** and **voir** are also **–i** based.

	faire	voir
je	fis	vis
tu	fis	vis
il/elle/on	fit	vit
nous	fîmes	vîmes
vous	fîtes	vîtes
ils/elles	firent	virent

Examples

Je lui *fis* confiance. (*Mafouaou*)
Il ne *fit* pas non plus un geste vers moi. (*L'homme aux yeux lumineux*)
Alors, je le *vis*. (*Lettre blanche*)

F. Venir

The conjugation of **venir** in the *passé simple* is irregular.

	venir
je	v *ins*
tu	v *ins*
il/elle/on	v *int*
nous	vî *nmes*
vous	vî *ntes*
ils/elles	vi *nrent*

Example

Je frappai quelques légers coups à la porte et aussitôt une femme *vint* m'ouvrir. (*L'homme aux yeux lumineux*)

Compounds and Pronominal Verbs

The *passé simple* of compounds and pronominal verbs follows the pattern of the verb on which they are based.

Examples

Crier, s'écrier

— Ouvrez, *cria* Claude. (*Les portes*)
— Christine, où est Christine? s'*écria* Claude. (*Les portes*)

Mettre, se mettre, promettre, remettre, se remettre

Deux ans plus tard, je *mis* au monde une seconde fille. (*Mafouaou*)
Je *me mis* à hurler de peur et me collai contre le mur. (*La chambre octogonale*)
Ils *promirent* de m'amener chez un féticheur. (*Mafouaou*)
Je *remis* l'auto en marche et je me dirigeai vers une route de montagne qui relie Cap-aux-Os à Cap-des-Rosiers. (*L'homme aux yeux lumineux*)
Rassuré, je *me remis* à douter d'avoir réellement vu un être fantastique. (*L'homme aux yeux lumineux*)

Prendre, apprendre, comprendre, reprendre

Je *pris* finalement congé de la femme. (*L'homme aux yeux lumineux*)
J'*appris* à faire beaucoup de choses à la ferme. (*Mafouaou*)

Je ne *compris* pas tout d'abord de quoi il s'agissait. (*L'homme aux yeux lumineux*)

«Oui, *reprit*-il, tante Lison nous regarde.» (*Par un soir de printemps*)

Venir, advenir, parvenir, revenir

Je *vins* les saluer. (*Mafouaou*)

Il y *advint* ce que je vous ai raconté et les Bretons en firent un lai. (*Les deux amants*)

Ensuite je *parvins* à me raisonner. (*L'homme aux yeux lumineux*)

Il *revint* sans avoir rien vu. (*L'homme aux yeux lumineux*)

Application

In order to review and verify your knowledge of the forms of the *passé simple*, identify the infinitive of the following verbs in the *passé simple*.

Je *fus* (1) à ce point impressionné que je n' *eus* (2) même pas la pensée de m'approcher et de l'interpeller. Il ne *fit* (3) pas non plus un geste vers moi. (*L'homme aux yeux lumineux*)

Je *me levai* (4) et *voulus* (5) jeter un coup d'œil dans le corridor mais Frédéric *me regarda* (6) d'une façon tellement suppliante que je n' *eus* (2) pas le courage de le contrarier. (*La chambre octogonale*)

Je le *vis* (7) très nettement dans la lumière crue des phares et ce qui me *frappa* (8) immédiatement ce *fut* (9) l'intense luminosité de ses yeux. (*L'homme aux yeux lumineux*)

Et ils *revinrent* (10). (*Par un soir de printemps*)

Infinitives:

1. _____
2. _____
3. _____
4. _____
5. _____
6. _____
7. _____
8. _____
9. _____
10. _____

Appendice 2

Les termes littéraires

Introduction

The explanations presented below are working definitions, intended to facilitate the discussion and analysis of the texts in *Émotions*. They are essential to a basic understanding of these texts and will enable the reader to take some tentative first steps along the road to literary analysis and comprehension.

Definitions

Each term is presented in French, followed by its English equivalent and a brief definition in English. The terms are organized in alphabetical order.

Literary Terms

Cadre (*nm*) [Setting]: the framework of time and place which serves to situate and define the narrative

Contexte (*nm*) [Context]: the specific set of circumstances which situates a word, act, or event within a text

Histoire (*nf*) [Story]: the fictional events in their chronological order

Intrigue (*nf*) [Plot]: the story-line of a narrative

Lecture (*nf*) [Reading]: the process by which the reader comes to terms with the text

Narrateur/narratrice (*nm/nf*) [Narrator]: the fictional character from whose perspective the story is organized into a narrative

Récit (*nm*) [Narrative]: the story as it is organized by the narrator into a coherent, comprehensive structure

Texte (*nm*) [Text]: the fictional object which is the subject and focus of reading

Vocabulaire français-anglais

This vocabulary includes all the glossed words and expressions from each chapter of this book. The following abbreviations have been used:

m masculin
f féminin
pl pluriel

abat-jour *m* shade
s'abattre sur to swoop down upon
abattu(e) despondent
abeille *f* bee
abîme *m* depth
abîmer to ruin
aboutir à to come to
abri *m* shelter
abrité(e) sheltered
acajou *m* mahogany
accourir to hurry
s'accrocher to cling
accueillant(e) welcoming
adroit(e) skillful
advenir to happen
affolé(e) panic-stricken
affreux/affreuse hideous
agacer to irritate
agaceries *f pl* provocative gestures
agir: ~ à sa guise to do as one pleases
aiguille *f* needle
ail *m* garlic
aise: être bien ~ to be delighted
aisselle *f* armpit
alentours: aux ~ in the vicinity
alimenté(e) fed
allure *f* speed
amas *m* heap

amertume *f* bitterness
amollissant(e) softening
amoncelé(e) piled
anéantir to destroy
s'apercevoir to notice
apogée *m* peak
appeler: ~ à la rescousse to call for help
appuyer to press
arête *f* fish bone
arraché(e) snatched
arracher to snatch
s'arracher to tear away
arrêté(e) firm
assourdissant(e) deafening
s'attarder to delay; to stay
atteindre to reach
atteint(e): ~ de afflicted by; stricken with
attention: prêter ~ à to pay attention to
atténué (e) faint
attiré (e) attracted
attrayant(e) attractive
aube *f* dawn
autant: en ~ que as far as
  en faire ~ to do the same
auto-stoppeur/auto-stoppeuse *m/f* hitch-hiker
avertir to warn
aveuglé(e) blinded
avisé(e) wise

avoir: ~ bonne mine to look well
avoir: faillir ~ to almost have
avouer to admit

badeau (or badaud) *m* onlooker
badigeonner to paint
bague *f* ring
baisser to lower
balayer to sweep
balustrade *f* railing
barboteuse *f* rompers
barque: ~ de sauvetage *f* lifeboat
bastingage *m* rail
battant *m* door panel
bavarder to chat; to squawk
baver to drool
bénir to bless
berceuse *f* lullaby
*Beyrouth Beirut
bienveillant(e) benevolent
blafard(e) pale
blason *m* coat-of-arms
blé *m* wheat
bonne: avoir ~ mine to look well
boubou *m* African tunic
boudeur/boudeuse sullen
bouilli(e) boiled
boule: ~ Quiés *f* earplug
bouleverser to upset

bourgeon *m* bud
bousculer to jostle
    se ~ to jostle each other
branchement *m* connection
branle: en ~ in motion
bridé(e) bridled
briguer to aspire to
brisé(e) broken
brise-glace *m* icebreaker
broncher to flinch
brouiller to cloud
brûlé(e) burnt
brume *f* fog
buée *f* mist

cadran *m* dial
cadre *m* setting
caillé(e) curdled
calebasse *f* gourd
câliner to cuddle
canaille *f* riffraff
cancrelat *m* cockroach
caquetage *m* cackling
carnet *m* notebook
case *f* hut
caserne *f* barrack
casqué(e) coiffed
casquette *f* cap
cauchemar *m* nightmare
causerie *f* conversation
céder to give way
cercueil *m* coffin
chair *f* flesh
chapelet *m* prayer beads
charognard *m* vulture
charrette *f* cart
chatoyant (e) shimmering
chef d'œuvre *m* masterpiece
chêne *m* oak
chevet *m* bedside
chique *f* tick
chuchoter to whisper
claque *f* slap
claudiquer to limp

cocorico! cock-a-doodle-doo!
coffre: ~à gants *m* glove
    compartment
se cogner to bang into things
coller to press
comblé(e): ~ de laden with
combles: sous les ~ in a
    garret
commérage *m* gossip
concourir to conspire
conduire to lead
congé *m* leave
conseil *m* advice
constatation *f* observation
convenir to suit; to be
    suitable
coquet/coquette flirtatious
coquille *f* shell
corbeille *f* basket
corbillard *m* hearse
cossu(e) well-off
couler to flow; to sink
coup: tout à ~ suddenly
coupable *m/f* guilty party
coupable guilty
cour *f* yard
course *f* flight
couvercle *m* lid
couverts: deux ~ *m pl* a table
    for two
cracher to spit
craindre to fear
crainte *f* fear
crâne *m* skull
crasseux/crasseuse filthy
crépuscule *m* evening,
    twilight, dusk
creuser to dig
    se ~ to furrow
crever to die
criblé(e) covered
crispé(e) clenched
crisser to squelch
croiser to pass
crouler to collapse

cru(e) harsh, raw
cygne *m* swan

davantage more
    plus . . . ~ the more . . .
    the more
se débarrasser de to get rid of
débonnaire good-natured
déborder to overflow
déboucher to emerge
débraillé(e) sloppy
se débrouiller to manage
décacheté(e) opened
déchiré(e) torn
déchirer to pierce; to rend
décousu(e) disjointed
se défaire (de) to part (with)
défaut: faire ~ to fail
déferler to unfurl
défoncer to break down
défunt(e) deceased
dégager to clear
    se ~ (de) to get away
    (from); to free oneself (from)
dégringoler to tumble
délire: en ~ delirious
démarche *f* gait
démarrer to take off
dénicher to track down
dénouement *m* conclusion
dentelle *f* lace
dénué (de) devoid (of)
dépasser to get past
dépit: en ~ de in spite of
se dérouler to unwind
désinvolte offhand
dessus: sens ~ dessous topsy
    turvy
se détendre to relax
détritus *m pl* rubbish
deux: ~ couverts *m pl* a table
    for two
dévaler to hurtle down
devin/d0evineresse *m/f* seer

devise *f*   motto
diriger: se ~ vers   to head for
doigté *m*   tact
dorénavant   in the future
dot *f*   dowry
dresser   to stand on end
dru(e)   thick
dure: sur la ~   on the ground

ébloui(e)   dazzled
éblouissant(e)   dazzling
ébranlé(e)   rattled
écart: à l' ~   out of the way
échapper   to escape
   s' ~   to escape
échec *m*   failure
échouer   to fail
éclaircie: lueur d' ~ *f*   glimmer
   of light
éclat *m*   radiance
éclatant(e)   radiant
éclatement *m*   bursting
éclats: voler en ~   to shatter,
   to fly into pieces
éconduire   to dismiss
éconduit(e)   rejected
écourté(e)   cut short
s'écrouler   to collapse
écume *f*   foam
effaré(e)   alarmed
effrayer   to frighten
s'égarer   to stray
électuaire *m*   electuary,
   medicinal powder
emboîter: ~ le pas   to follow
embonpoint *m*   weight
s'embraser   to flare up
embué(e)   fogged up
embuscade *f*   ambush
emmener   to lead
empêcher   to prevent
empirer   to get worse
emplir   to fill
emporter   to take/carry away

s'empresser   to hurry
emprise: sous l' ~ de   in the
   grip of
ému(e)   moved
encadré(e) (par)   surrounded
   (by)
enflé(e)   swollen
s'enfoncer   to plunge
s'enfuir   to slip away
engloutir   to swallow up
s'engouffrer   to rush
engraisser   to fatten up, to
   put on weight
enivrer   to intoxicate
s'enquérir   to inquire
ensorcelé(e)   bewitched
entassé(e)   piled
enterré(e)   buried
entraîner   to lead
entreposé(e)   stored
entretien *m*   encounter
envahir   to burrow into
envahissant(e)   pervasive
environnant(e)   surrounding
épais/épaisse   thick
épave *f*   wreck
éperdu(e)   overcome
épouvante *f*   terror
s'éprendre (de)   to fall in love
   (with)
épreuve *f*   test
   à l' ~ du feu   fireproof
éprouver   to feel
épuisé(e)   exhausted
s'éreinter   to wear oneself out
escadrille *f*   flight
escale *f*   stopover
espion/espionne *m/f*   spy
s'estomper   to become
   blurred
étaler   to display
étang *m*   pond
s'éteindre   to go out
éteint(e)   silenced
étiré(e)   drawn out

étonner   to astonish
étouffé(e)   muffled
étouffer   to smother, to stifle
étourdir   to stun
étrange: fait ~   the odd thing
   is
s'étrangler   to choke up
étreinte *f*   grip
évanoui(e)   unconscious
s'évanouir   to faint
éveiller   to awaken
s'éventer   to fan oneself
exécrer   to loathe
exigence *f*   requirement

faillir: ~ avoir   to almost have
   ~ tomber   to almost
      fall
faire: ~ défaut   to fail
   en ~ autante   to do the same
   ~ volte-face   to turn around
faisceau *m*   beam
fait: ~ étrange   the odd thing is
falaise *f*   cliff
fatidique   fateful
fatras *m*   mess
faufilé(e)   threaded
fauve   wild
fauve *m*   wildcat
fébrile   feverish
ferraille *f*   scrap metal
feu *m*: **à l'épreuve du ~** *f*
   fireproof
fichier *m*   file
fignoler   to finish up
fil *m*   thread
fille: vieille ~ *f*   spinster
fin: ~ fond *m*   very bottom
flamboyer   to blaze
flaque *f*   puddle
flèche *f*   arrow
floconneux/floconneuse   fuzzy
foie *m*   liver
fond: fin ~ *m*   very bottom

fonte *f* cast iron
force: à ~ de by virtue of
  à la ~ du poignet by the
  sweat of one's brow
forcément inevitably
fosse *f* grave
fossé *m* ditch
fouiller to search
foulard *m* scarf
foule *f* crowd
franchir: ~ le seuil to cross
  the threshold
frayeur *f* fright; terror
frein *m* brake
frémissant(e) shivering
frissonner to shiver
froncer: ~ les sourcils to frown
front *m* forehead
fuite *f* flight
futaie *f* stand of trees

gâcher to waste
gâchis *m* waste
galet *m* pebble
galopin *m* ragamuffin
gants: coffre à ~ *m* glove
  compartment
gaspiller to waste
gazon *m* lawn
gémir to groan
gênant(e) embarrassing
gêne *f* shyness
gêné(e) embarrassed
gifle *f* smack
glissement *m* swoosh
glisser to slip
  se ~ to slip
gond *m* hinge
gonflé(e) full
gonfler to puff up
gouffre *m* gulf
grain *m* bead
gravir to climb up
grelotter to shiver

griffe *f* claw
grimper to climb
gris-gris *m* amulet
grisé(e) intoxicated
guère: ne . . . ~ scarcely
guerre: de ~ lasse tired of
  fighting
guetter to watch
  se ~ to watch one another
guise: agir à sa ~ to do as
  one pleases

habile able
habits *m pl* clothes
haillon *m* rag
haïr to hate
haleter to pant
hauteur *f* height
heurter to clash with
homard *m* lobster
hors de out of
houleux/houleuse stormy
hublot *m* porthole
huile *f* oil
hululer to screech
humer to breathe in
hurler to yell

implacable inflexible
imprimeur *m* printer
inassouvi(e) unsatisfied
index: à l' ~ blacklisted
inondé(e) (de) flooded (with)
insolite unexpected
insouciant(e) carefree
insoutenable unbearable
insuffler to inspire
interpeller to question
inusité(e) unusual
invraisemblable improbable

jument *f* mare
jurer to swear

klaxon *m* horn

lâcher to let go
laine *f* wool
large: le ~ *m* open sea
larmes: verser des ~ to shed
  tears
lasse: de guerre ~ tired of
  fighting
se lasser (de) to get tired (of)
légué(e) bequeathed
lévrier *m* hound
liane *f* creeper
Liban *m* Lebanon
se lier to be connected
liminaire introductory
livrer to hand over
locataire tenant
loisir: à ~ *m* at leisure
louange *f* praise
louer to praise
loup: ~ de mer *m* seadog
lourdement heavily
lueur *f* gleam
  ~ d'éclaircie glimmer of
  light
lutter to fight

maladif/maladive sickly
malentendu *m*
  misunderstanding
manioc *m* manioc, cassava
mansuétude *f* indulgence
marée: raz de ~ *m* tidal wave
massif/massive solid
massif *m* clump of trees
maudire to curse
mécano *m* mechanic
médisance *f* gossip
se méfier to be wary
  ~ de to distrust
même: quand ~ all the same
ménager to handle with care

mentir to lie
menu(e) sparse
mépris *m* disdain
méprisant(e) contemptuous
mer: loup de ~ *m* seadog
mine: avoir bonne ~ to look well
moelleux/moelleuse softness
moindre least
moineau *m* sparrow
moisson *f* harvest
moitié *f* half
mouette *f* seagull
mouillé(e) wet
mûr(e) mature

narguer to scoff at
navire *m* ship
ne: . . . guère scarcely
néanmoins nevertheless
néant *m* nothingness
nettement clearly
nombreuses: à de ~ reprises many times
nuage *m* cloud
nuque *f* nape of the neck

obéissant(e) obedient
œillet *m* carnation
œuvre: chef d' ~ *m* masterpiece
œuvrer to labour
ombre *f* shadow
ondé(e) wavy
ongle *m* nail
orée *f* edge
orgueil *m* pride
orgueilleusement proudly
orgueilleux/orgueilleuse proud
orteil *m* toe
os *m* bone

oser to dare
ôter to remove
ouate *f* cotton wool
ourlet *m* rim

palétuvier *m* mangrove
paon *m* peacock
paraître to seem
part: quelque ~ somewhere
partager to share
parti *m* suitor
parvenir to succeed; to reach
pas *m* step
se passer de to do without
pâtée *f* dog food, mush
paupière *f* eyelid
pêcheur/pêcheuse *m/f* fisherman/fisherwoman
peine: à ~ barely, scarcely
pelote *f* ball
pelotonné(e) curled up
pelouse *f* lawn
se pencher to lean
pendant(e) hanging
pénible painful
pente *f* slope
perron *m* steps
perroquet *m* parrot
persienne *f* Venetian blind
phare *m* headlight
philtre *m* love potion
piétiner to trample
pilon *m* drumstick
pire worst
pirogue *f* dugout canoe
plainte *f* moaning
plaisanter to joke
plaque *f* pool
plat(e) smooth
plâtre *m* cast
pleurnicher to snivel
plier to bend
plisser to crease
plombé(e) lined with lead

plus: ~ . . . davantage the more . . . the more
poêle *m* stove
poignet: à la force du ~ by the sweat of one's brow
poil *m* hair
poing *m* fist
pointe *f* pointed remark
pou *m* louse
poursuivre to continue
poussin *m* chick
précipitamment hurriedly
précipitation *f* haste
se précipiter to rush, to hurry
prétendant *m* suitor
prétendre to claim
prêter: ~ attention à to pay attention to
prise: en ~ sur in contact with
priser to prize, to value
pudeur *f* shame
puiser to draw
puissant(e) powerful

quand même all the same
quelque part somewhere
Quiès: boule ~ *f* earplug

rabrouer to snub
racine *f* root
rafale *f* squall
raide stiff
raidillon *m* incline
ralenti: au ~ in slow motion
rangée *f* row
rassembler to gather
se raviser to change one's mind
ravitaillement *m* supply
rayonner to shine
raz de marée *m* tidal wave
rebuter to repel, to repulse
réclamer to ask for

recours: sans ~   with no way out
recroquevillé(e)   curled up
redorer   to embody
redouter   to fear
redresser   to straighten up
réduit *m*   hideout
rejaillir   to spurt back up
remettre   to put off
remettre: s'en ~ à   to leave it up to
remuer   to move, to stir
reniflement *m*   sniffle
répandre   to spread
répandu(e)   spread
repérer   to spot
répit: sans ~   continuously
reprises: à de nombreuses ~   many times
rescapé(e) *m/f*   survivor
rescousse: appeler à la ~   to call for help
se ressaisir   to get a grip on oneself
resserrer   to tighten
rester   to remain
rétroviseur *m*   rearview mirror
revanche *f*   revenge
révolu(e)   in the past; bygone
ride *f*   wrinkle
rire   to laugh
rivage *m*   shore
rosée *f*   dew
rotin *m*   rattan
roucoulement *m*   cooing
roue *f*   wheel
ruisselant(e)   dripping

sable *m*   sand
saccadé(e)   jerky; ragged
sacré(e)   damned
sagesse *f*   wisdom

salaud *m*   bastard
sale   dirty
sangloter   to sob
sauvetage: barque de ~ *f*   lifeboat
sécher   to dry
secouer   to shake
secousse *f*   jolt
semelle *f*   sole (of shoe)
sens dessus dessous   topsy turvy
serré(e)   clenched
seuil: franchir le ~   to cross the threshold
sève *f*   sap
siège *m*   seat
le sien/la sienne   his/hers
siffler   to whistle
sitôt   as soon as
soigner   to take pains with
soin *m*   care
sombrer   to sink
songer   to dream
sort *m*   fate
sorte: de la ~   in that way
souffler   to whisper
souhaiter   to wish
soulagé(e)   relieved
soulagement *m*   relief
soulager   to soothe
soulever   to raise
soupir *m*   sigh
soupirail *m*   basement window
sourcils: froncer les ~   to frown
sourd(e)   muffled
sourire   to smile
sournois(e)   shifty
soutenir   to withstand
strabisme *m*   strabismus
subir   to undergo
subitement   suddenly
subsister   to remain
sucer   to suck
sueur *f*   sweat

suie *f*   soot
suintant(e)   oozing
suinter   to ooze
suite: par la ~   subsequently
supplier   to beg
supporter   to bear
surmené   overworked
surveiller   to watch
survenu(e)   occurred
susurrer   to whisper

tablier *m*   apron, bib
taille *f*   stature
tailler   to trim, to cut
se taire   to be silent
tambouriner   to pound
tanguer   to pitch and roll
tapageux/tapageuse   noisy
tapis *m*   carpet
tas *m*   pile
teinture *f*   dye
témoigner de   to testify to
tentative *f*   attempt
tiédeur *f*   tepidness
les tiens *m pl*   your family
tignasse *f*   hair
tiroir *m*   drawer
toit *m*   roof
tomber: faillir ~   to almost fall
tourbillon *m*   whirlwind, whirlpool
tourterelle *f*   turtledove
tout: ~ à coup   suddenly
trahir   to betray
traîner   to lead; to trail
traite: d'une   at one go
transpirer   to perspire
traqué(e)   trapped
trempé(e)   drenched
tressaillement *m*   stirring
tricoter   to knit
trou *m*   hole

troupeau *m*　herd
tue-tête: à ~　noisily
tuer　to kill
tuile *f*　tile

vacillant(e)　flickering
vaincu(e)　vanquished
vainqueur *m*　victor
veillée *f*　evening, vigil

verge *f*　yard
vérité *f*　truth
versé(e)　skilled
verser　to pour
verser: ~ des larmes　to shed
　tears
vestige *m*　trace
veuve *f*　widow
vide　void
vider　to empty
　se ~　to empty

vieillot/vieillotte　old-
　fashioned
vieille fille *f*　spinster
vison *m*　mink
volaille *f*　poultry
volant *m*　steering wheel
voler: ~ en éclats　to shatter,
　to fly into pieces
volontiers　willingly
volte-face: faire ~　to turn
　around

Permissions and Credits

AFRIQUE

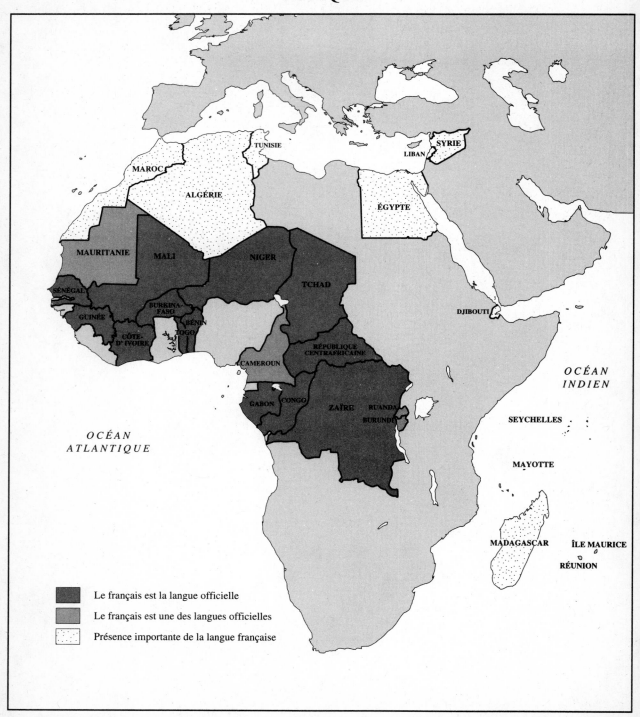

Le français est la langue officielle

Le français est une des langues officielles

Présence importante de la langue française